财务管理实务与统计学应用

高 静 李小燕 张大超 著

全国百佳图书出版单位
吉林出版集团股份有限公司

图书在版编目（CIP）数据

财务管理实务与统计学应用 / 高静，李小燕，张大超著. -- 长春：吉林出版集团股份有限公司，2022.9
　　ISBN 978-7-5731-2292-6

　　Ⅰ．①财… Ⅱ．①高… ②李… ③张… Ⅲ．①统计学－应用－财务管理－研究 Ⅳ．① F275

中国版本图书馆 CIP 数据核字（2022）第 177759 号

CAIWU GUANLI SHIWU YU TONGJIXUE YINGYONG
财务管理实务与统计学应用

著：高　静　李小燕　张大超
责任编辑：沈丽娟
技术编辑：王会莲
封面设计：冯冯翼
开　　本：710mm×1000mm　　1/16
字　　数：166 千字
印　　张：8.5
版　　次：2022 年 9 月第 1 版
印　　次：2022 年 9 月第 1 次印刷
出　　版：吉林出版集团股份有限公司
发　　行：吉林出版集团外语教育有限公司
地　　址：长春福祉大路 5788 号龙腾国际大厦 B 座 7 层
电　　话：总编办：0431-81629929
印　　刷：涿州汇美亿浓印刷有限公司

ISBN 978-7-5731-2292-6　　　　　　定价：52.00 元
版权所有　侵权必究　　　　　　　举报电话：0431-81629929

前言

财务管理就是一门历史虽然不长，但是发展的趋势很迅猛的学科。所谓财务的管理就是指企事业单位合理有效地组织，并且监督着和控制着资金的运作，会正确地处理财务管理关系等的总称。自从财务管理出现以来，随着金融化的趋势不断扩大，财务管理的研究方法也日趋丰富和改进，在机会与风险都存在的现代经济生活当中，在激烈的市场竞争下生存、发展和赢利，已经成为企事业单位管理的重要问题。而在财务日常管理实务中，有越来越多的问题需要进行研究及分析论证，这就需要借助运用统计方法，以提高财务工作的效率和水平，所以在这个新的经济时代，将财务管理实务与统计学应用有机结合起来，充分发挥统计学在财务管理中的作用是很有必要的。

本书从财务管理基本概念入手，深入阐述了财务管理目标、财务管理环节、财务管理体制和财务管理环境，详细论证了项目投资现金流量的估计、项目投资决策评价指标及其运用、项目投资财务决策等项目投资管理实务，从现金管理、应收账款管理和存货管理等角度对营运资金管理实务进行了解析。系统论述了统计学的发展和定义、研究对象和性质、分类和统计学的相关概念，并以此为基础，从统计调查、统计数据的来源和收集、统计数据的测量尺度、统计数据的整理和显示四个方面，对统计学应用之统计数据的收集和整理工作进行了思考探索，旨在为财务管理实务与统计学应用研究提供一些借鉴与参考。

在撰写过程中，为提升本书的学术性与严谨性，笔者参阅了大量的文献资料，引用了一些同人前辈的研究成果，因篇幅有限，不能一一列举，在此一并表示最诚挚的感谢。

由于财务管理实务与统计学应用研究涉及的范畴比较广，需要探索的层面比较深，笔者在撰写的过程中难免会存在一定的不足，对一些相关问题的研究不透彻，恳请前辈、同行以及广大读者斧正，使之更加完善。

目录

第一章 财务管理总论 ... 1
- 第一节 财务管理目标 ... 1
- 第二节 财务管理环节 ... 7
- 第三节 财务管理体制 ... 9
- 第四节 财务管理环境 ... 18

第二章 项目投资管理实务与营运资金管理实务 ... 25
- 第一节 项目投资管理实务 ... 25
- 第二节 营运资金管理实务 ... 44

第三章 统计学基本理论 ... 70
- 第一节 统计学的发展和定义 ... 70
- 第二节 统计学的研究对象和性质 ... 72
- 第三节 统计学的分类 ... 76
- 第四节 统计学的基本概念 ... 78

第四章 统计学应用之统计调查和统计数据收集整理 ... 84
- 第一节 统计调查 ... 84
- 第二节 统计数据的来源和收集 ... 109
- 第三节 统计数据的测量尺度 ... 113
- 第四节 统计数据的整理和显示 ... 116

结束语 ... 126

参考文献 ... 128

第一章　财务管理总论

第一节　财务管理目标

一、企业财务管理目标理论

企业财务管理目标有如下几种具有代表性的理论：

(一) 利润最大化

利润最大化就是假定企业财务管理以实现利润最大化为目标。

以利润最大化作为财务管理目标，其主要原因有三个方面：一是人类从事生产经营活动的目的是创造更多的剩余产品，在市场经济条件下，剩余产品的多少可以用利润这个指标来衡量；二是在自由竞争的资本市场中，资本的使用权最终属于获利最多的企业；三是只有每个企业都最大限度地创造利润，整个社会的财富才可能实现最大化，从而带来社会的进步和发展。[①]

利润最大化目标的主要优点是，企业追求利润最大化，就必须讲求经济核算，加强管理，改进技术，提高劳动生产率，降低产品成本。这些措施都有利于企业资源的合理配置，有利于企业整体经济效益的提高。

但是，以利润最大化作为财务管理目标也存在以下缺陷：

其一，没有考虑利润实现时间和资金时间价值。比如，今年100万元的利润和10年以后同等数额的利润其实际价值是不一样的，10年间还会有时间价值的增加，而且这一数值会随着贴现率的不同而有所不同。

其二，没有考虑风险问题。不同行业具有不同的风险，同等利润值在不同行业中的意义也不相同，比如，风险比较高的高科技企业和风险相对较小的制造业企业无法简单比较。

其三，没有反映创造的利润与投入资本之间的关系。

---

① 卢颖，高山等.财务管理 [M].北京：北京理工大学出版社，2019：2-6.

其四，可能导致企业短期财务决策倾向，影响企业长远发展。由于利润指标通常按年计算，因此，企业决策也往往会服务于年度指标的完成或实现。

(二) 股东财富最大化

股东财富最大化是指企业财务管理以实现股东财富最大化为目标。在上市公司，股东财富是由其所拥有的股票数量和股票市场价格两方面决定的。在股票数量一定时，股票价格达到最高，股东财富也就达到最大。

与利润最大化相比，股东财富最大化的主要优点是：

其一，考虑了风险因素，因为通常股价会对风险做出较敏感的反应。

其二，在一定程度上能避免企业的短期行为，因为不仅企业目前的利润会影响股票价格，其未来的利润同样会对股价产生重要影响。

其三，对上市公司而言，股东财富最大化目标比较容易量化，便于考核和奖惩。

以股东财富最大化作为财务管理目标也存在以下缺点：

其一，通常只适用于上市公司，非上市公司难以应用，因为非上市公司无法像上市公司一样随时准确获得股价。

其二，股价受众多因素影响，特别是企业外部的因素，有些还可能是非正常因素。股价不能完全准确反映企业财务管理状况，如有的上市公司处于破产的边缘，但由于可能存在某些机会，其股价可能还在走高。

其三，它强调的更多的是股东利益，而对其他相关者的利益重视不够。

(三) 企业价值最大化

企业价值最大化是指企业财务管理以实现企业的价值最大化为目标。企业价值可以理解为企业所有者权益的市场价值，或者是企业所能创造的预计未来现金流量的现值。未来现金流量这一概念，包含了资金的时间价值和风险价值两个方面的因素。因为对未来现金流量的预测包含了不确定性和风险因素，而现金流量的现值是以资金的时间价值为基础对现金流量进行折现计算得出的。

企业价值最大化要求企业通过采用最优的财务政策，充分考虑资金的时间价值和风险与报酬的关系，在保证企业长期稳定发展的基础上使企业总价值达到最大。

以企业价值最大化作为财务管理目标，具有以下优点：

其一，考虑了取得报酬的时间，并用时间价值的原理进行了计量。

其二，考虑了风险与报酬的关系。

其三，将企业长期、稳定的发展和持续的获利能力放在首位，能克服企业在追求利润上的短期行为，因为不仅目前的利润会影响企业价值，其未来的利润对企业价值也会产生重大影响。

其四，用价值代替价格，克服了过多受外界市场因素干扰的缺陷，有效地规避了企业的短期行为。

但是，以企业价值最大化作为财务管理目标也存在以下问题：

其一，企业的价值过于理论化，不易操作。尽管对于上市公司，股票价格的变动在一定程度上揭示了企业价值的变化，但是，股价是多种因素共同作用的结果，特别是在资本市场效率低下的情况下，股票价格很难反映企业的价值。

其二，对于非上市公司，只有对企业进行专门的评估才能确定其价值，而在评估企业的资产价值时，由于受评估标准和评估方式的影响，很难做到客观和准确。

近年来，随着上市公司数量的增加，以及上市公司在国民经济中地位、作用的增强，企业价值最大化目标逐渐得到了广泛的认可。

(四) 相关者利益最大化

在现代企业是多边契约关系的总和的前提下，要确立科学的财务管理目标，就要首先考虑哪些利益关系会对企业发展产生影响。在市场经济中，企业的理财主体更加细化和多元化。股东作为企业所有者，在企业中承担着最大的权力、义务、风险和报酬，但是债权人、员工、企业经营者、客户、供应商和政府也为企业承担着风险，这些风险包括以下方面：①随着举债经营的企业越来越多，举债比例和规模也不断扩大，债权人的风险大大增加。②在社会分工细化的今天，由于简单劳动越来越少，复杂劳动越来越多，职工的再就业风险不断增加。③在现代企业制度下，企业经理人受所有者委托，作为代理人管理和经营企业，在激烈的市场竞争和复杂多变的市场形势下，代理人所承担的责任越来越大，风险也随之加大。④受市场竞争和经济全球化的影响，企业与客户以及企业与供应商之间不再是简单的买卖关系，更多的是长期的伙伴关系，处于一条供应链上，并共同参与同其他供应链的竞争，因而企业的客户及供应商也与企业共同承担一部分风险。⑤政府部门不管是作为出资人，还是作为监管机构，都与企业各方的利益密切相关。

综上所述，企业的利益相关者不仅包括股东，还包括债权人、企业经营者、客户、供应商、员工、政府部门等。因此，在确定企业财务管理目标时，不能忽视这些相关利益群体的利益。

相关者利益最大化目标的具体内容包括如下几个方面：①强调风险与报酬的均衡，将风险限制在企业可以承受的范围内。②强调股东的首要地位，并强调企业与股东之间的协调关系。③强调对代理人即企业经营者的监督和控制，建立有效的激励机制以使企业战略目标顺利实现。④关心本企业普通职工的利益，创造优美和谐的工作环境和提供合理恰当的福利待遇，使职工长期努力为企业工作。⑤不断加强与债权人的关系，培养可靠的资金供应者。⑥关心客户的长期利益，以便保持销售收入的长期稳定增长。⑦加强与供应商的协作，共同面对市场竞争，并注重企业形象的宣传，遵守承诺，讲究信誉。⑧保持与政府部门的良好关系。

以相关者利益最大化作为财务管理目标，具有以下优点：①有利于企业长期稳定发展。这一目标注重企业在发展过程中考虑并满足各利益相关者的利益关系。在追求长期稳定发展的过程中，站在企业的角度进行投资研究，可以避免站在股东的角度进行投资可能导致的一系列问题。②体现了合作共赢的价值理念，有利于实现企业经济效益和社会效益的统一。由于兼顾了企业、股东、政府部门、客户等的利益，企业就不仅仅是一个单纯牟利的组织，还承担了一定的社会责任。企业在寻求其自身发展和利益最大化的过程中，出于对客户及其他利益相关者的利益的考虑，就会依法经营、依法管理，正确处理各种财务关系，自觉维护和保障国家、集体和社会公众的合法权益。③这一目标本身是一个多元化、多层次的目标体系，较好地兼顾了各利益主体的利益。这一目标可使企业各利益主体相互作用、相互协调，并在使企业利益、股东利益达到最大化的同时，也使其他利益相关者利益达到最大化。

也就是将企业财富这块"蛋糕"做到最大的同时，保证每个利益主体所得到的"蛋糕"更多。④体现了前瞻性和现实性的统一。比如，企业作为利益相关者之一，有一套评价指标，如未来企业报酬贴现值；股东可以使用股票市价作为评价指标；债权人可以寻求风险最小、利息最大；员工可以确保工资福利最大；政府可以考虑社会效益等。不同的利益相关者有各自的指标，只要合理合法、互利互惠、相互协调，就可以实现所有相关者利益最大化。

因此，相关者利益最大化是企业财务管理最理想的目标。但是鉴于该目标过于理想化，且无法操作，本书后面章节仍采用企业价值最大化作为财务管理目标。

二、利益冲突的协调

将相关者利益最大化作为财务管理目标，其首要任务就是要协调相关者的利益关系，化解他们之间的利益冲突。协调相关者的利益冲突要把握的原则是：尽可能使企业相关者的利益分配在数量上和时间上达到动态协调平衡。而在所有的利益冲突协调中，所有者与经营者、所有者与债权人的利益冲突协调是至关重要的。

(一) 所有者与经营者的利益冲突协调

在现代企业中，经营者一般不拥有占支配地位的股权，他们只是所有者的代理人。所有者期望经营者代表他们的利益工作，实现所有者财富最大化，而经营者则有其自身的利益考虑，二者的目标经常会不一致。通常而言，所有者能够向经营者支付多少报酬，取决于经营者能够为所有者创造多少财富。经营者和所有者的主要利益冲突，就是经营者希望在创造财富的同时能够获取更多的报酬、更多的享受，而所有者则希望以较小的代价（支付较少的报酬）实现更多的财富。

为了协调这一利益冲突，通常可采取以下方式：

1. 解聘

这是一种通过所有者约束经营者的办法。所有者对经营者进行监督，如果经营者绩效不佳，就解聘经营者；经营者为了不被解聘就需要努力工作，为实现财务管理目标服务。

2. 接收

这是一种通过市场约束经营者的办法。如果经营者决策失误，经营不力，绩效不佳，该企业就可能被其他企业强行接收或吞并，相应的经营者也会被解聘。经营者为了避免这种接收，就必须努力实现财务管理目标。

3. 激励

激励就是将经营者的报酬与其绩效直接挂钩，以使经营者自觉采取能提高所有者财富的措施。激励通常有两种方式：

（1）股票期权

它是允许经营者以约定的价格购买一定数量的本企业股票，股票的市场价格高于约定价格的部分就是经营者所得的报酬。经营者为了获得更大的股票涨价益处，就必然主动采取能够提高股价的行动，从而增加所有者财富。

（2）绩效股

它是企业运用每股收益、资产收益率等指标来评价经营者绩效，并视其绩效大小给予经营者数量不等的股票作为报酬。如果经营者绩效未能达到规定目标，经营者将丧失原先持有的部分绩效股。这种方式使经营者不仅为了得到更多的绩效股而不断采取措施提高经营绩效，而且为了使每股市价最大化，也会采取各种措施使股价稳定上升，从而增加所有者的财富。但即使由于客观原因股价并未提高，经营者也会因为获取绩效股而获利。

（二）所有者与债权人的利益冲突协调

所有者的目标可能与债权人期望实现的目标发生矛盾。首先，所有者可能要求经营者改变举债资金的原定用途，将其用于风险更高的项目，这会加大偿债风险，债权人的负债价值也必然会降低，造成债权人风险与收益的不对称。因为高风险的项目一旦成功，额外的利润就会被所有者独享；但若失败，债权人却要与所有者共同承担由此而造成的损失。其次，所有者可能在未征得现有债权人同意的情况下，要求经营者举借新债，由此偿债风险相应变大，从而导致原有债权的价值降低。

所有者与债权人的上述利益冲突，可以通过以下方式解决：

1. 限制性借债

债权人通过事先规定借款用途、增加借款担保条款和借款信用条件，使所有者不能通过以上两种方式削弱债权人的债权价值。

2.收回借款或停止借款

当债权人发现企业有侵蚀其债权价值的意图时,可以采取收回债权或不再给予新的借款等措施,从而保护自身权益。

第二节　财务管理环节

财务管理环节是企业财务管理的工作步骤与一般工作程序。一般而言,企业财务管理包括以下几个环节:

一、预测、计划与预算

(一)财务预测

财务预测是根据企业财务活动的历史资料,考虑现实的要求和条件,对企业未来的财务活动做出较为具体的预计和测算的过程。财务预测可以测算各项生产经营方案的经济效益,为决策提供可靠的依据;可以预测财务收支的发展变化情况,以确定经营目标;可以测算各项定额和标准,为编制计划、分解计划指标服务。

财务预测的方法主要有定性预测和定量预测两类。定性预测法,主要是利用直观材料,依靠个人的主观判断和综合分析能力,对事物未来的状况和趋势做出预测的一种方法;定量预测法,主要是根据变量之间存在的数量关系建立数学模型来进行预测的方法。[①]

(二)财务计划

财务计划是根据企业整体战略目标和规划,结合财务预测的结果,对财务活动进行规划,并以指标的形式落实到每一个计划期间的过程。财务计划主要通过指标和表格,以货币形式反映在一定的计划期内企业生产经营活动所需要的资金及其来源、财务收入和支出、财务成果及其分配的情况。

---

① 周浩,吴秋霞,祁麟.财务管理与审计学习[M].长春:吉林人民出版社,2019:1-11.

确定财务计划指标的方法一般有平衡法、因素法、比例法和定额法等。

(三) 财务预算

财务预算是根据财务战略、财务计划和各种预测信息，确定预算期内各种预算指标的过程。它是财务战略的具体化，是财务计划的分解和落实。

财务预算的方法通常包括固定预算与弹性预算、增量预算与零基预算、定期预算与滚动预算等。

二、决策与控制

(一) 财务决策

财务决策是指按照财务战略目标的总体要求，利用专门的方法对各种备选方案进行比较和分析，从中选出最佳方案的过程。财务决策是财务管理的核心，决策的成功与否直接关系到企业的兴衰成败。

财务决策的方法主要有两类：一类是经验判断法，是根据决策者的经验来判断、选择，常用的方法有淘汰法、排队法、归类法等；另一类是定量分析方法，常用的方法有优选对比法、数学微分法、线性规划法、概率决策法等。

(二) 财务控制

财务控制是指利用有关信息和特定手段，对企业的财务活动施加影响或调节，以便实现计划所规定的财务目标的过程。

财务控制的方法通常有前馈控制、过程控制、反馈控制等。

三、分析与考核

(一) 财务分析

财务分析是指根据企业财务报表等信息资料，采用专门方法，系统分析和评价企业财务状况、经营成果以及未来趋势的过程。

财务分析的方法通常有比较分析、比率分析、综合分析等。

(二) 财务考核

财务考核是指将报告期实际完成数与规定的考核指标进行对比，确定有关责任单位和个人任务完成情况的过程。财务考核与奖惩紧密联系，是贯彻责任制原则的要求，也是构建激励与约束机制的关键环节。

财务考核的形式多种多样，可以采用绝对指标、相对指标、完成百分比进行考核，也可采用多种财务指标进行综合评价考核。

第三节 财务管理体制

企业财务管理体制是明确企业各财务层级财务权限、责任和利益的制度，其核心问题是如何配置财务管理权限，企业财务管理体制决定着企业财务管理的运行机制和实施模式。

一、企业财务管理体制的一般模式

概括地说，企业财务管理体制可分为三种类型：

(一) 集权型财务管理体制

集权型财务管理体制是指企业对各所属单位的所有财务管理决策进行集中统一，各所属单位没有财务决策权，企业总部财务部门不但参与决策，在特定情况下还直接参与各所属单位的决策执行过程。

在集权型财务管理体制下，企业内部的主要管理权限集中于企业总部，各所属单位执行企业总部的各项指令。它的优点在于：企业内部的各项决策均由企业总部制定和部署，企业内部可充分展现其一体化管理的优势，利用企业的人才、智力、信息资源，努力降低资金成本和风险损失，使决策的统一化、制度化得到有力的保障。采用集权型财务管理体制，有利于在整个企业内部优化资源配置，有利于实行内部调拨价格，有利于内部采取避税措施及防范汇率风险等。它的缺点包括：集权过度会使各所属单位缺乏主动性、积极性，丧失活力，也可能因为决策程序相对复杂而失去适应市场的弹性，丧失市场机会。

(二) 分权型财务管理体制

分权型财务管理体制是指企业将财务决策权与管理权完全下放到各所属单位，各所属单位只需对一些决策结果报请企业总部备案即可。

在分权型财务管理体制下，企业内部的管理权限分散于各所属单位，各所属单位在人、财、物、供、产、销等方面有决策权。它的优点包括：由于各所属单位负责人有权对影响经营成果的因素进行控制，加之身在基层、了解情况，有利于针对本单位存在的问题及时做出有效决策，因地制宜地搞好各项业务，也有利于分散经营风险，促进各所属单位管理人员和财务人员成长。它的缺点包括：各所属单位大都从自身利益出发安排财务活动，缺乏全局观念和整体意识，从而可能导致资金管理分散、资金成本增大、费用失控、利润分配无序等问题出现。[1]

(三) 集权与分权相结合型财务管理体制

集权与分权相结合型财务管理体制，其实质就是集权下的分权。企业对各所属单位在所有重大问题的决策与处理上实行高度集权，各所属单位则对日常经营活动具有较大的自主权。

集权与分权相结合型财务管理体制意在以企业发展战略和经营目标为核心，将企业内重大决策权集中于企业总部，而赋予各所属单位自主经营权。其主要特点是：

在制度上，企业内应制定统一的内部管理制度，明确财务权限及收益分配方法，各所属单位应遵照执行，并根据自身的特点加以补充。

在管理上，利用企业的各项优势，对部分权限集中管理。

在经营上，充分调动各所属单位的生产经营积极性。各所属单位围绕企业发展战略和经营目标，在遵守企业统一制度的前提下，可自主制定生产经营的各项决策。为避免配合失误，明确责任，凡需要由企业总部决定的事项，在规定时间内，企业总部应明确答复，否则，各所属单位有权自行处置。

---

[1] 韦绪任.财务管理 [M].北京：北京理工大学出版社，2018：24-31.

集权与分权相结合型财务管理体制吸收了集权型财务管理体制和分权型财务管理体制的优点，避免了二者的缺点，从而具有较大的优越性。

二、集权与分权的选择

企业的财务特征决定了分权的必然性，而企业的规模效益、风险防范又要求集权。集权和分权各有特点，各有利弊。对集权与分权的选择、对分权程度的把握历来是企业管理的一个难点。

从聚合资源优势、贯彻实施企业发展战略和实现经营目标的角度来看，集权型财务管理体制显然是最具保障力的。但是，企业意欲采用集权型财务管理体制，除了企业管理层必须具备高度的素质及能力外，在企业内部还必须有一个能及时、准确地传递信息的网络系统，并通过对信息传递过程的严格控制以保障信息的质量。如果这些条件能够满足，集权型财务管理体制的优势便有了充分发挥的可能性。但与此同时，信息传递及过程控制有关的成本问题也会随之产生。此外，随着集权程度的提高，集权型财务管理体制的复合优势可能会不断凸显，但各所属单位或组织机构的积极性、创造性与应变能力却可能会被不断削弱。

分权型财务管理体制实质上是把决策管理权在不同程度上下放到比较接近信息源的各所属单位或组织机构，这样便可以在相当程度上缩短信息传递的时间、解决信息传递过程中的控制问题，从而使信息传递与过程控制等的相关成本得以降低，并能大大提高信息的决策价值与利用效率。但随着权力的分散，企业管理目标换位的问题也会随之产生，这是采用分权型财务管理体制通常无法避免的一种成本或代价。对集权型或分权型财务管理体制的选择，本质上体现着企业的管理决策，是企业基于对环境约束与发展战略的考虑顺势而定的权变性策略。

依托环境预期与战略发展规划，企业总部必须根据企业的不同类型、发展的不同阶段以及不同阶段的战略目标取向等因素，对不同财务管理体制及其权力的层次结构做出相应的选择与安排。

财务决策权的集中与分散没有固定的模式，同时其模式也不是一成不变的。财务管理体制的集权与分权，需要考虑企业与各所属单位之间的资本关系和业务关系的具体特征，以及集权与分权的"成本"和"利益"。作为实体企业，其各所属单位之间往往具有某种业务上的联系，特别是那些实施纵向一体化战略的企业，要求各所属单位保持密切的业务联系。各所属单位之间业务联系越密切，就越有必要采用相对集中的财务管理体制。反之，则相反。如果说各所属单位之间业务联系的密切程度是企业有无必要实施相对集中的财务管理体制的一个基本因素，那么，企业与各所属单位之间的资本关系特征则是企业能否采取相对集中的财务管理体制的一个基本条件。企业只有在掌握了各所属单位一定比例有表决权的股份（如50%以上）之后，才有可能通过指派较多董事的方式去有效地影响各所属单位的财务决策，也只有这样，各所属单位的财务决策才有可能相对"集中"于企业总部。

事实上，考虑财务管理体制的集中与分散，除了受制于以上方面外，还取决于集权与分权的"成本"和"利益"差异。集权的"成本"主要是各所属单位积极性的损失和财务决策效率的下降，分权的"成本"主要是可能发生的各所属单位财务决策目标及财务行为与企业整体财务目标的背离以及财务资源利用效率的下降。集权的"利益"主要是容易协调企业的财务目标和提高财务资源的利用效率，分权的"利益"主要是可以提高财务决策的效率和调动各所属单位的积极性。

此外，集权和分权应该考虑的因素还包括环境、规模和管理者的管理水平。由管理者的素质、管理方法和管理手段等因素共同决定的企业及各所属单位的管理水平，对财权的集中和分散也具有重要影响。较高的管理水平，有助于企业更多地集中财权，否则，财权过于集中只会导致决策效率低下。

三、企业财务管理体制的设计原则

一个企业如何选择适应自身需要的财务管理体制，如何在不同的发展阶段更新财务管理模式，在企业管理中占据重要地位。从企业的角度出发，其财务管理体制的设定或变更应当遵循如下四项原则：

（一）与现代企业制度的要求相适应的原则

现代企业制度是一种产权制度，它是以产权为依托，对各种经济主体在产权关系中的权利、责任、义务进行合理有效的组织、调节的制度安排，它具有"产权清晰、责任明确、政企分开、管理科学"的特征。

企业内部相互关系的处理应以产权制度安排为基本依据。企业作为各所属单位的股东,根据产权关系享有作为终极股东的基本权利,特别是对所属单位的收益权、管理者的选择权、重大事项的决策权等,但是,企业各所属单位往往不是企业的分支机构或分公司,其经营权是其行使民事责任的基本保障,它以自己的经营与资产对其盈亏负责。

企业与各所属单位之间的产权关系确认了两个不同主体的存在,这是现代企业制度特别是现代企业产权制度的根本要求。在西方,在处理母子公司关系时,法律明确要求保护子公司权益,其制度安排大致如下:①规定董事的诚信义务与法律责任,实现对子公司的保护。②保护子公司不受母公司不利指示的损害,从而保护子公司权益。③规定子公司有权向母公司起诉,从而保护自身权利与利益。

按照现代企业制度的要求,企业财务管理体制必须以产权管理为核心,以财务管理为主线,以财务制度为依据,体现现代企业制度特别是现代企业产权制度管理的思想。

(二)明确企业对各所属单位管理中的决策权、执行权与监督权三者分立的原则

现代企业要做到科学管理,首先必须从决策与管理程序上做到科学、民主,因此,决策权、执行权与监督权三权分立的制度必不可少。这一管理原则的作用就在于加强决策的科学性与民主性,强化决策执行的刚性和可考核性,强化监督的独立性和公正性,从而形成良性循环。

(三)明确财务综合管理和分层管理思想的原则

现代企业制度要求管理是一种综合管理、战略管理,因此,企业财务管理不是也不可能是企业总部财务部门的财务管理,当然也不是各所属单位财务部门的财务管理,它是一种战略管理。这种管理要求:①从企业整体角度对企业的财务战略进行定位。②对企业的财务管理行为进行统一规范,做到高层的决策结果能被低层战略经营单位完全执行。③以制度管理代替个人的行为管理,从而保证企业管理的连续性。④以现代企业财务分层管理思想指导具体的管理实践(股东大会、董事会、经理人员、财务经理及财务部门各自的管理内容与管理体系)。

(四) 与企业组织体制相对应的原则

企业组织体制大体上有 U 型组织、H 型组织和 M 型组织三种形式。U 型组织仅存在于产品简单、规模较小的企业,实行管理层级的集中控制。H 型组织实质上是企业集团的组织形式,子公司具有法人资格,分公司则是相对独立的利润中心。由于在竞争日益激烈的市场环境中不能显示其长期效益和整体活力,因此在 20 世纪 70 年代后它在大型企业的主导地位逐渐被 M 型组织所代替。M 型组织由三个相互关联的层次组成。第一个层次是由董事会和经理班子组成的总部,它是企业的最高决策层。它既不像 U 型组织那样直接从事各所属单位的日常管理,也不像 H 型组织那样基本上是一个空壳。它的主要职能是战略规划和关系协调。第二个层次是由职能和支持、服务部门组成的。其中计划部是公司战略研究和执行的部门,它应向企业总部提供经营战略的选择和相应配套政策的方案,指导各所属单位根据企业的整体战略制定中长期规划和年度业务计划。M 型组织的财务是总部控制的,负责整个企业的资金筹措、运作和税务安排。第三个层次是围绕企业的主导或核心业务,互相依存又相互独立的各所属单位,每个所属单位又是一个 U 型组织。可见,M 型组织的集权程度较高,突出整体优化,具有较强的战略研究、实施功能和内部关系协调功能。它是目前国际上较大规模企业管理体制的主流形式。M 型组织的具体形式有事业部制、矩阵制、多维结构等。

在 M 型组织中,在业务经营管理权限下放的同时,更加强化财务部门的职能作用。事实上,西方多数控股型公司,在总部不对其子公司的经营过分干预的情况下,其财务部门的职能更为重要,它起到指挥资本运营的作用。有资料表明,在英国的控股型公司中,财务部门的人数占到管理总部人数的 60%~70%,而且主管财务的副总裁在公司起着核心作用。他一方面是母子公司的"外交部部长",行使对外处理财务事务的职能;另一方面,他又是各子公司的财务总管,各子公司的财务主管是"外交部部长"的派出人员,充当"外交部部长"的当地代言人角色。

四、集权与分权相结合型财务管理体制的一般内容

总结我国企业的实践经验,集权与分权相结合型财务管理体制的核心内容是企业总部应做到制度统一、资金集中、信息集成和人员委派。具体应集中制度制定权,筹资、融资权,投资权,用资、担保权,固定资产购置权,财务机构设置权,收益分配权;分散经营自主权、人员管理权、业务定价权、费用开支审批权。

(一) 集中制度制定权

企业总部根据企业会计准则、《企业财务通则》等国家法律法规的要求,结合企业自身的实际情况和发展战略、管理需要,制定统一的财务管理制度,在整个企业范围内统一施行。各所属单位只有制度执行权,而无制度制定权和解释权,但各所属单位可以根据自身需要制定实施细则和补充规定。

(二) 集中筹资、融资权

资金筹集是企业资金运动的起点,为了使企业内部筹资风险最小、筹资成本最低,应由企业总部统一筹集资金,各所属单位有偿使用。如需银行贷款,可由企业总部办理贷款总额,各所属单位分别办理贷款手续,按规定自行付息;如需发行短期商业票据,企业总部应充分考虑企业资金占用情况,并注意在到期日前存足款项,不要因为票据到期不能兑现而影响企业信誉;如需利用海外兵团筹集外资,应统一由企业总部根据国家现行政策办理相关手续,并严格审查贷款合同条款,注意汇率及利率变动因素,防止发生损失。企业总部追踪审查各所属单位的现金使用状况,具体做法是各所属单位按规定时间向企业总部上报"现金流量表",动态地描述各所属单位现金增减状况和分析各所属单位资金存量是否合理。遇有部分所属单位资金存量过多、运用不畅,而其他所属单位又急需资金的情况时,企业总部可调动资金,并应支付利息。企业内部应严禁各所属单位之间放贷,如需临时拆借资金,对在规定金额之上的,应报企业总部批准。

(三) 集中投资权

企业对外投资必须遵守的原则为：效益性、分散风险性、安全性、整体性及合理性。无论是企业总部还是各所属单位对外投资都必须经过立项、可行性研究、论证、决策的过程，除专业人员外，还必须有财务人员参加。财务人员应会同有关专业人员，通过仔细调查了解，开展可行性分析，预测今后若干年的市场变化趋势及可能发生风险的概率，投资该项目的建设期、投资回收期、投资回报率等，写出可行性研究报告，报送有关领导。

为了保证提高投资效益，分散及减少投资风险，企业内部对外投资可实行限额管理制度，对于超过限额的投资其决策权属于企业总部。被投资项目一经批准确立，财务部门应协助有关部门对项目进行跟踪管理，对出现的偏离可行性研究报告的差异，应及时报有关部门予以纠正。对投资收益不能达到预期的项目应及时清理解决，并应追究有关人员的责任。同时应完善投资管理，企业应根据自身特点建立一套具有可操作性的财务考核指标体系，规避财务风险。

(四) 集中用资、担保权

企业总部应加强对资金使用安全性的管理，对大额资金拨付要严格监督，建立审批手续，并严格执行。这是因为各所属单位财务状况关系到企业所投资本的保值和增值情况，同时各所属单位因资金受阻会导致获利能力下降，降低企业的投资回报率。因此，各所属单位用于经营项目的资金，要在经营规划范围内使用，用于资本项目上的资金支付应履行企业规定的报批手续。

企业内部对外担保权应归属于企业总部，未经批准，各所属单位不得为外部企业提供担保，企业内部各所属单位相互担保，应经企业总部同意。同时企业总部为各所属单位提供担保应制定相应的审批程序，可由各所属单位与银行签订贷款协议，企业总部为各所属单位提供贷款担保，同时要求各所属单位向企业总部提供"反担保"，保证资金的合理使用及按时归还，使贷款得到监控。

同时，企业对逾期未收货款，应作硬性规定。对逾期未收货款，指定专人，统一步调，积极清理，谁经手，谁批准，由谁去收回货款。

（五）集中固定资产购置权

各所属单位需要购置固定资产必须说明理由，提出申请报企业总部审批，经批准后方可购置。各所属单位资金不得自行用于资本性支出。

（六）集中财务机构设置权

各所属单位的财务机构设置必须报企业总部批准，财务人员由企业总部统一招聘，财务负责人或财务主管人员由企业总部统一委派。

（七）集中收益分配权

企业内部应统一收益分配制度，各所属单位应客观、真实、及时地反映其财务状况及经营成果。各所属单位收益的分配，属于法律、法规明确规定的按规定分配，剩余部分由企业总部本着长远利益与现实利益相结合的原则，确定分留比例。各所属单位留存的收益原则上可自行分配，但应报企业总部备案。

（八）分散经营自主权

各所属单位负责人主持本企业的生产经营管理工作，组织实施年度经营计划，决定生产和销售，研究和考虑市场周围的环境，了解和关注同行业企业的经营情况和战略措施，按规定时间向企业总部汇报生产管理工作情况。对突发的重大事件，要及时向企业总部汇报。

（九）分散人员管理权

各所属单位负责人有权任免下属管理人员，有权决定员工的聘用与辞退，企业总部原则上不应干预，但其财务主管人员的任免应报经企业总部批准或由企业总部统一委派。

（十）分散业务定价权

各所属单位所经营的业务均不相同，因此，业务的定价应由各所属单位经营部门自行决定，但必须遵守加速资金流转、保证经营质量、提高经济效益的原则。

(十一) 分散费用开支审批权

各所属单位在经营中必然发生各种费用，企业总部没必要进行集中管理，各所属单位在遵守财务制度的前提下，由其负责人审批各种合理的用于企业经营管理的费用开支。

第四节 财务管理环境

一、技术环境

财务管理的技术环境，是指财务管理得以实现的技术手段和技术条件，它决定着财务管理的效率和效果。目前，我国进行财务管理所依据的会计信息是会计信息系统提供的，占企业经济信息总量的60%~70%。在企业内部，会计信息主要是提供给管理层决策使用的，而在企业外部，会计信息则主要为投资者、债权人等服务。

目前，我国正全面推进会计信息化工作，力争通过5~10年的努力，建立健全会计信息化法规体系和会计信息化标准体系（包括可扩展商业报告语言分类标准），全力打造会计信息化人才队伍，基本实现大型企事业单位会计信息化与经营管理信息化的融合，进一步提升企事业单位的管理水平和风险防范能力，做到数出一门、资源共享，便于不同信息使用者获取、分析和利用，以进行投资和相关决策；基本实现大型会计师事务所采用信息化手段对客户的财务报告和内部控制进行审计，进一步提升社会审计质量和效率；基本实现政府会计管理和会计监督的信息化，进一步提升会计管理水平和监管效能。通过全面推进会计信息化工作，使我国会计信息化达到或接近世界先进水平。我国企业会计信息化的全面推进，必将促使企业财务管理的技术环境得到进一步完善和优化。

二、经济环境

在影响财务管理的各种外部环境中，经济环境是最为重要的。
经济环境内容十分广泛，包括经济体制、经济周期、经济发展水平、宏观经济政策及通货膨胀水平等。

(一) 经济体制

在计划经济体制下，国家统筹企业资本、统一投资、统负盈亏，企业利润统一上缴、亏损全部由国家补贴，企业虽然是一个独立的核算单位但无独立的理财权利。财务管理活动的内容比较单一，财务管理方法比较简单。在市场经济体制下，企业成为"自主经营、自负盈亏"的经济实体，有独立的经营权，同时也有独立的理财权。企业可以从其自身需要出发，合理确定资本需要量，然后到市场上筹集资本，再把筹集到的资本投放到高效益的项目上以获取更大的收益，最后将收益根据需要和可能进行分配，保证企业自始至终根据自身条件和外部环境做出各种财务管理决策并组织实施。因此，财务管理活动的内容比较丰富，方法也复杂多样。[①]

(二) 经济周期

在市场经济条件下，经济的发展与运行带有一定的波动性，大体上要经历复苏、繁荣、衰退和萧条几个阶段的循环，这种循环称作经济周期。

在经济周期的不同阶段，企业应采用不同的财务管理战略。西方财务学者探讨了经济周期中的财务管理战略，现择其要点归纳见表1-1。

表1-1　经济周期中的财务管理战略

复苏	繁荣	衰退	萧条
1.增加厂房设备	1.增加厂房设备	1.停止扩张	1.建立投资标准
2.实行长期租赁	2.继续增加存货	2.出售多余设备	2.保持市场份额
3.增加存货	3.提高产品价格	3.停产不利产品	3.压缩管理费用
4.开发新产品	4.开展营销规划	4.停止长期采购	4.放弃次要利益
5.增加劳动力	5.增加劳动力	5.削减存货	5.削减存货
		6.停止扩招员工	6.裁减员工

---

① 杨忠智.财务管理(第3版)[M].厦门：厦门大学出版社，2019：18-26.

(三) 经济发展水平

财务管理的发展水平是和经济发展水平密切相关的，经济发展水平越高，财务管理水平也越好。财务管理水平的提高，将推动企业降低成本、改进效率、提高效益，从而促进经济发展水平的提高；而经济发展水平的提高，将改变企业的财务战略、财务理念、财务管理模式和财务管理的方法及手段，从而促进企业财务管理水平的提高。财务管理应当以经济发展水平为基础，以宏观经济发展目标为导向，从业务工作角度保证企业经营目标和经营战略的实现。

(四) 宏观经济政策

我国经济体制改革的目标是建立社会主义市场经济体制，以进一步解放和发展生产力。在这个目标的指导下，我国已经并正在进行财税体制、金融体制、外汇体制、外贸体制、计划体制、价格体制、投资体制、社会保障制度等各项改革。所有这些改革措施，深刻地影响着我国的经济生活，也深刻地影响着我国企业的发展和财务活动的运行。例如，金融政策中的货币发行量、信贷规模会影响企业投资的资金来源和投资的预期收益；财税政策会影响企业的资金结构和投资项目的选择等；价格政策会影响资金的投向、投资回收期及预期收益；会计制度的改革会影响会计要素的确认和计量，进而对企业财务活动的事前预测、决策及事后评价产生影响等。

(五) 通货膨胀水平

通货膨胀对企业财务活动的影响是多方面的，主要表现在：①引起资金占用的大量增加，从而增加企业的资金需求。②引起企业利润虚增，造成企业资金由于利润分配而流失。③引起利润上升，加大企业的权益资金成本。④引起有价证券价格下降，加大企业的筹资难度。⑤引起资金供应紧张，增加企业的筹资困难。

为了减轻通货膨胀对企业造成的不利影响，企业应当采取措施予以防范。在通货膨胀初期，货币面临着贬值的风险，这时企业进行投资可以避免风险，实现资本保值；应与客户签订长期购货合同，以减少物价上涨造成的损失；取得长期负债，保持资本成本的稳定。在通货膨胀持续期，企业可以采用比较严格的信用条件，减少企业债权；调整财务政策，防止和减少企业资本流失等。

三、金融环境

(一) 金融机构、金融工具与金融市场

金融机构主要是指银行和非银行金融机构。银行是指经营存款、放款、汇兑、储蓄等金融业务，承担信用中介的金融机构，包括各种商业银行和政策性银行，如中国工商银行、中国农业银行、中国银行、中国建设银行、国家开发银行、中国农业发展银行。非银行金融机构主要包括保险公司、信托投资公司、证券公司、财务公司、金融资产管理公司、金融租赁公司等机构。

金融工具是指融通资金双方在金融市场上进行资金交易、转让的工具，借助金融工具，资金从供给方转移到需求方。金融工具分为基本金融工具和衍生金融工具两大类。常见的基本金融工具有货币、票据、债券、股票等。衍生金融工具又称派生金融工具，是在基本金融工具的基础上通过特定技术设计形成的新的融资工具，如各种远期合约、互换、掉期、资产支持证券等，种类非常复杂、繁多，具有高风险、高杠杆效应的特点。

金融市场是指资金供应者和资金需求者双方通过一定的金融工具进行交易而融通资金的场所。金融市场的构成要素包括资金供应者和资金需求者、金融工具、交易价格、组织方式等。金融市场为企业融资和投资提供了场所，可以帮助企业实现长短期资金转换、引导资本流向和流量，提高资本效率。

(二) 金融市场的分类

金融市场可以按照不同的标准进行分类。

1. 按照期限分类

以期限为标准，金融市场可分为货币市场和资本市场。货币市场又称短期金融市场，是指以期限在1年以内的金融工具为媒介，进行短期资金融

通的市场,包括同业拆借市场、票据市场、大额定期存单市场和短期债券市场;资本市场又称长期金融市场,是指以期限在1年以上的金融工具为媒介,进行长期资金交易活动的市场,包括股票市场和债券市场。

2. 按照功能分类

以功能为标准,金融市场可分为发行市场和流通市场。发行市场又称为一级市场,它主要处理金融工具的发行与最初购买者之间的交易;流通市场又称为二级市场,它主要处理现有金融工具转让和变现的交易。

3. 按照融资对象分类

以融资对象为标准,金融市场可分为资本市场、外汇市场和黄金市场。资本市场以货币和资本为交易对象;外汇市场以各种外汇金融工具为交易对象;黄金市场则是集中进行黄金买卖和金币兑换的交易市场。

4. 按照所交易金融工具的属性分类

以所交易金融工具的属性为标准,金融市场可分为基础性金融市场与金融衍生品市场。基础性金融市场是指以基础性金融产品为交易对象的金融市场,如商业票据、企业债券、企业股票的交易市场;金融衍生品市场是指以金融衍生品为交易对象的金融市场,如远期、期货、掉期(交换)、期权,以及具有远期、期货、掉期(交换)、期权中一种或多种特征的结构化金融工具的交易市场。

5. 按照地理范围分类

以地理范围为标准,金融市场可分为地方性金融市场、全国性金融市场和国际性金融市场。

(三) 货币市场

货币市场的主要功能是调节短期资金融通。其主要特点包括:①期限短。一般为3~6个月,最长不超过1年。②交易目的是解决短期资金周转。它的资金来源主要是资金所有者暂时闲置的资金,融通资金的用途一般是弥补短期资金的不足。③金融工具有较强的"货币性",具有流动性强、价格平稳、风险较小等特性。

货币市场主要有拆借市场、票据市场、大额定期存单市场和短期债券市场等。拆借市场是指银行(包括非银行金融机构)同业之间短期性资本的借贷活动。这种交易一般没有固定的场所，主要通过电信手段成交，期限按日计算，一般不超过1个月。票据市场包括票据承兑市场和票据贴现市场。票据承兑市场是票据流通转让的基础；票据贴现市场是对未到期票据进行贴现的市场，为客户提供短期资本融通，包括贴现、再贴现和转贴现。大额定期存单市场是一种买卖银行发行的可转让大额定期存单的市场。短期债券市场主要买卖1年期以内的短期企业债券和政府债券，尤其是政府的国库券交易。短期债券的转让可以通过贴现或买卖的方式进行。短期债券以其信誉好、期限短、利率优惠等优点，成为货币市场中的重要金融工具之一。

(四) 资本市场

资本市场的主要功能是实现长期资本融通。其主要特点包括：①融资期限长。至少1年以上，最长可达10年甚至10年以上。②融资目的是满足长期投资性资本需要，用于补充长期资本，扩大生产能力。③资本借贷量大。④收益较高但风险也较大。

资本市场主要包括债券市场、股票市场和融资租赁市场等。

债券市场和股票市场由证券（债券和股票）发行和证券流通构成。有价证券的发行是一项复杂的金融活动，一般要经过以下几个重要环节：①证券种类的选择。②偿还期限的确定。③发售方式的选择。在证券流通中，其参与者除了买卖双方外，还包括中介，且中介表现非常活跃。这些中介主要有证券经纪人、证券商，他们在流通市场中起着不同的作用。

融资租赁市场是通过资产租赁实现长期资金融通的市场，它具有融资与融物相结合的特点，融资期限一般与资产租赁期限一致。

四、法律环境

(一) 法律环境的范畴

市场经济是法制经济，企业的一些经济活动总是在一定的法律规范内进行的。法律既约束企业的非法经济行为，也为企业从事各种合法经济活动提供保护。

国家相关法律法规按照对财务管理内容的影响情况可以分为如下几类：

1. 影响企业筹资的各种法律法规

主要有：公司法、证券法、金融法、证券交易法、合同法等。这些法律法规可以从不同方面规范或制约企业的筹资活动。

2. 影响企业投资的各种法律法规

主要有：证券交易法、公司法、企业财务通则等。这些法律法规从不同角度规范企业的投资活动。

3. 影响企业收益分配的各种法律法规

主要有：税法、公司法、企业财务通则等。这些法律法规从不同方面对企业收益分配进行了规范。

(二) 法律环境对企业财务管理的影响

法律环境对企业的影响力是多方面的，影响范围包括企业组织形式、公司治理结构、投融资活动、日常经营、收益分配等。《中华人民共和国公司法》规定，企业可以采用独资、合伙、公司制等企业组织形式。企业组织形式不同，业主(股东)权利责任、企业投融资、收益分配、纳税、信息披露等不同，公司治理结构也不同。上述不同种类的法律法规，分别从不同方面约束企业的经济行为，对企业财务管理产生影响。

第二章　项目投资管理实务与营运资金管理实务

第一节　项目投资管理实务

一、项目投资概述

(一) 投资的含义和种类

1. 投资的含义

投资，是指特定经济主体（包括国家、企业和个人）为了在未来可预见的时期内获得收益或使资金增值，在一定时期向一定领域的标的物投放足够数额的资金或实物等货币等价物的经济行为。从特定企业角度看，投资就是企业为获取收益而向一定对象投放资金的经济行为。

2. 投资的种类

投资按不同标志可分为以下几种类型。[①]

(1) 按照投资行为的介入程度

按照投资行为的介入程度，可分为直接投资和间接投资。

直接投资是指由投资人直接介入投资行为，即将货币资金直接投入投资项目，形成实物资产或者购买现有企业资产的一种投资。其特点是，投资行为可以直接将投资者与投资对象联系在一起。

间接投资是指投资者以其资本购买公债、公司债券、金融债券或公司股票等，以期获取一定收益的投资，也称为证券投资。

(2) 按照投入的领域不同

按照投入的领域不同，可分为生产性投资和非生产性投资。

①生产性投资，是指将资金投入生产、建设等物质生产领域中，并能够形成生产能力或可以生产出生产资料的一种投资，又称为生产资料投资。这

---

① 马勇，肖超栏. 财务管理 [M]. 北京：北京理工大学出版社，2021：140-158.

种投资的最终成果将形成各种生产性资料，包括固定资产投资、无形资产投资、其他资产投资和流动资金投资。其中，前三项属于垫支资本投资，最后一项属于周转资本投资。

②非生产性投资，是指将资金投入非物质生产领域中，不能形成生产能力，但能形成社会消费或服务能力，满足人民的物质文化生活需要的一种投资。这种投资的最终成果是形成各种非生产性资产。

(3) 按照投资的方向不同

按照投资的方向不同，可分为对内投资和对外投资。

①对内投资。从企业的角度来看，对内投资就是项目投资，是指企业将资金投放于为取得供本企业生产经营使用的固定资产、无形资产、其他资产和垫支流动资金而形成的一种投资。

②对外投资，是指企业为购买国家及其他企业发行的有价证券或其他金融产品（包括：期货与期权、信托、保险），或以货币资金、实物资产、无形资产向其他企业（联营企业、子公司等）注入资金而发生的投资。

(4) 按照投资的内容不同

按照投资的内容不同，可分为固定资产投资、无形资产投资、其他资产投资、流动资产投资、房地产投资、有价证券投资、期货与期权投资、信托投资和保险投资等多种形式。

(二) 项目投资的一般程序

为保证项目投资决策的科学性、合理性和有效性，企业应当根据需要制定相关的投资决策程序，如图 2-1 所示。

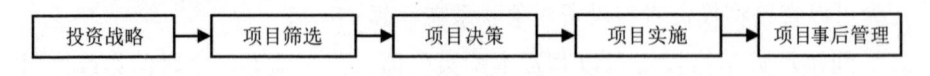

投资战略 → 项目筛选 → 项目决策 → 项目实施 → 项目事后管理

图 2-1　项目投资决策程序

1. 确定投资战略

对公司而言，战略是指公司面对急剧变化的环境和激烈竞争的市场，为谋求自身长期生存和持续发展而制定的全局性发展规划。任何公司都有大量的潜在的投资项目，每项可能的投资都是公司的一个可能的选择，有些选择是有价值的，而有些则不是。成功的财务管理是在环境分析中学会寻找项目机会和发现价值。确定投资战略，就是要通过寻找有价值的项目，确定公司全局性的投资规划。公司要有效地分析外部环境和自身条件，诸如宏观经济环境、法律法规政策、市场供需状况、产品生命周期、替代品状况、管理能力、技术力量、原材料供应、融资能力等，认真研究可供选择的投资机会，及时把握机遇，确定投资战略，获取长期竞争优势，实现公司价值最大化。

2. 投资项目筛选

投资战略确定之后，需要分析公司目标和投资战略的符合性，并对投资项目的先进性、营利性，项目投资时机、投资方式与合作伙伴等进行评价分析，对各种投资机会进行筛选。一旦确定了好的投资机会，就要对投资项目进行价值判断，内容涉及：估计项目寿命期；估计项目预期现金流量及风险；评估确定折现率；根据各投资机会项目现金流，用财务评价方法（如净现值法、内含报酬率法等）对各项目进行排序，并拟订项目计划。

3. 投资项目决策

拟订了项目计划之后，管理者需要对各类项目计划进行取舍，并选择现有条件下最利于公司长远发展的投资项目。项目决策过程是对拟订项目进一步研究与分析、进行价值判断及提出项目投资建议的过程。从决策程序看，它视项目投资规模及公司内部授权制度，分别由经营者、董事会或股东大会来审批。

4. 投资项目实施

投资项目一经确定，就必须付诸实施。投资项目视项目性质、公司内部责任分工等，分别由投资部或工程部等负责实施。在项目实施过程中，责任人需要对照项目预算、工程质量标准、实施时间进度等，对其过程进行全方位监控和审计，对偏离预算和标准的，要确定差异、查明原因，提出改正措施，或视环境变化并经相关决策后，及时调整相关项目，以降低项目投资风险。

5. 项目实施的事后管理

项目实施的事后管理，主要是指对项目实施结果进行全方位评估和项目责任审计，以对公司战略决策的可行性、工程和资本支出预算管理的有效性等进行审核，并为未来项目管理提供借鉴。

二、项目投资现金流量的估计

(一) 项目投资的特点与项目计算期的构成

1. 项目投资的含义

项目投资是一种以特定建设项目为对象,直接与新建项目或更新改造项目有关的长期投资行为。

项目投资可分为新建项目和更新改造项目两大类型。新建项目投资以新增生产能力为目的;更新改造项目投资以恢复和改善生产能力为目的。

新建项目投资还可进一步分为单纯固定资产投资和完整工业项目投资两类。单纯固定资产投资简称固定资产投资,通常只包括为购建固定资产而发生的资金投入,一般不涉及周转性流动资产的再投入;完整工业项目投资则不仅包括固定资产投资,而且还涉及周转性流动资产的投入,甚至还需增加如无形资产、长期待摊费用等其他长期资产项目的投资。因此,不能将项目投资简单地等同于固定资产投资。

2. 项目投资的特点[1]

项目投资是对企业内部生产经营资产的长期投资,与短期投资和对外投资相比,它具有以下几个特点:

(1) 投资金额大

项目投资一般涉及企业战略布局问题,涉及的金额巨大,其投资所形成的资产占企业总资产的比重相当大,因此项目投资对企业的财务状况和经营成果将产生深远的影响。

(2) 影响时间长

作为长期投资的项目发挥作用的时间较长,项目的寿命周期达几年、十几年,甚至几十年,项目一旦实施,将在未来相当长的时间内对企业的经济活动产生影响。

(3) 变现能力差

项目投资一般不准备在一年或超过一年的一个营业周期内变现,而且在一年以内以及超过一年的一个营业周期内变现的能力也较差,因为投资一

---

[1] 邹娅玲,肖梅嶙.财务管理[M].重庆:重庆大学出版社,2021:110-123.

旦完成，想改变是相当困难的，不是无法实现就是变现能力较差。

(4) 投资风险高

由于项目投资所涉及的投资金额巨大，历时和影响时间也较长，未来收益的不确定因素较多，必然造成其风险比其他投资大，对企业未来命运将产生决定性影响，投资一旦失败，给企业带来的影响是灾难性的，轻则亏损，重则导致企业倒闭破产。

3. 项目投资的计算期及其构成

项目计算期（记作 n），是指项目从开始投资建设到最终清理结束整个过程的全部时间，即项目的有效持续时间。项目计算期通常以年为计算单位。

一个完整的项目计算期，由建设期（记作 $s, s \geq 0$）和生产经营期（记作 p）两部分构成。其中：建设期是指从开始投资建设到建成投产这一过程的全部时间。建设期的第 1 年初（记作第 0 年）称为建设起点，建设期的最后一年末（记作第 s 年）称为投产日；生产经营期是指从投产日到终结点这一过程的全部时间。生产经营期开始于建设期的最后一年末即投产日，结束于项目最终清理的最后一年末（记作第 n 年），称为终结点。生产经营期包括试产期和达产期（完全达到设计生产能力）。如图 2-2 所示，项目计算期、建设期和生产经营期之间存在以下关系：

项目计算期 (n) = 建设期 (s) + 运营期 (p)

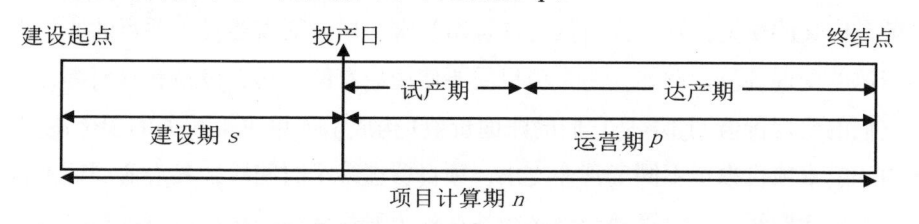

图 2-2 项目计算期、建设期和生产运营期的关系

4. 项目投资的内容与资金投入方式

反映项目投资金额的指标主要有原始总投资和投资总额。原始总投资是反映项目所需现实资金的价值指标。从项目投资的角度看，原始总投资等于企业为使项目完全达到设计生产能力、开展正常经营而投入的全部现实资金。投资总额是反映项目投资总体规模的价值指标，它等于原始总投资与建设期资本化利息之和。其中建设期资本化利息是指在建设期发生的与购建项

目所需的固定资产、无形资产等长期资产有关的借款利息。如图 2-3 所示。

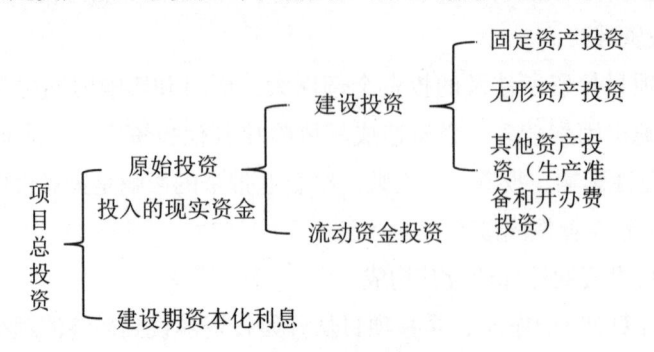

```
                    ┌─ 建设投资 ─┬─ 固定资产投资
                    │           ├─ 无形资产投资
         ┌─ 原始投资 ┤           └─ 其他资产投资（生产准
项目              │                                备和开办费
总   ───┤         └─ 投入的现实资金 ─ 流动资金投资    投资）
投资
         └─ 建设期资本化利息
```

图 2-3 项目总投资构成图

项目资金的投入分为一次投入和分次投入两种方式。一次投入方式是指集中在项目计算期第一个年度的年初或年末一次发生的投资行为；分次投入方式是指涉及两个或两个以上年度分次发生的投资行为（只涉及一个年度但分次在该年的年初和年末发生的，也属于分次投入方式）。

(二) 项目投资现金流量的估计

1. 现金流量的概念

现金流量是指在资本项目决策中，在项目计算期内（有效年限内）因资本循环而可能或应该发生的各项现金流入与现金流出的统称。此时的现金指的是广义的现金，它不仅包括各种货币资金，还包括需要投入项目的非货币资源的变现价值。例如，一个项目需要使用原有的厂房、设备和材料等，则它们的变现价值（而不是它们的账面价值）构成了项目决策相关的现金流量。由于资本项目投资不同于营业支出，项目覆盖多个时间段，其寿命周期不止一个会计期间，所以管理当局必须站在整个寿命周期的角度看待项目，逐年估计在整个项目寿命期的现金流量。

2. 现金流量的构成

现金流量包括现金流出量、现金流入量和现金净流量三个方面。

(1) 现金流出量（cash out，CO）

一个方案的现金流出量是指由该方案所引起的企业现金支出的增加额。主要包括以下内容：

建设投资。是指与形成生产经营能力有关的各种直接支出，包括固定资产投资、无形资产投资、开办费投资等的总和,它是建设期发生的主要现金流出量,其中,固定资产投资是所有类型投资项目注定要发生的内容。这部分现金流出随着建设进程的进行可能一次性投入,也可能分次投入。

流动资金投资。在完整工业投资项目中,建设投资形成的生产经营能力要投入使用,会引起对流动资金的需求,主要是保证生产正常进行必要的存货储备占用等,这使企业要追加一部分流动资金投资。这部分流动资金投资属于垫支的性质,当投资项目结束时,一般会如数收回。

经营成本。是指在经营期内为满足正常生产经营而动用现实货币资金支付的成本费用,又被称为付现的营运成本(或简称付现成本)。它是生产经营阶段最主要的现金流出量项目。

各项税款。指项目投产后依法缴纳的、单独列示的各项税款,如营业税、所得税等。

其他现金流出。指不包括在以上内容中的现金流出项目。

(2) 现金流入量(cash in, CI)

一个项目的现金流入量是指由该方案所引起的企业现金收入的增加额。主要包括以下内容:

营业现金收入。它是指项目投产后每年实现的全部销售收入或业务收入。营业收入是经营期主要的现金流入项目。

回收固定资产的余值。它是指固定资产出售或报废时,所收回的固定资产价值。

回收垫支的流动资金。回收的流动资金是指项目完全终止时因不再发生新的替代投资而回收的原垫付的全部流动资金额。

(3) 现金净流量(net cash flow, NCF)

现金净流量又称净现金流量,是指一定期间现金流入量减去现金流出量的差额。现金流入量大于现金流出量时,为现金净流入量,表现为正值;反之,为现金净流出,表现为负值。某年的现金净流量可表示为:

现金净流量(NCF) = 现金流入量(CI) - 现金流出量(CO)

3. 现金流量的计算

(1) 确定现金流量的假设

财务可行性分析假设。假定项目已经具备了国民经济可行性和技术可行性，估计现金流量主要是从企业投资者的角度出发，评价项目的财务可行性。

全投资假设。只考虑投入项目资金的运转情况，不区分其来源，即使借入的资金也视为自有资金。因为在实践中，企业先要评价项目是否可行，待投资意向明确后，才会考虑资金来源问题，资金的来源属于在筹资决策中考虑的问题。所以，从逻辑上，投资决策在先，筹资决策在后。从内容上，评价项目属于投资问题，资金来源属于筹资问题。

时点指标假设。由于货币具有时间价值，所以不能把不同时点的现金流量跨期间直接加减。为了便于考虑货币的时间价值，简化计算，不论现金流量所涉及的价值指标是时点指标还是时期指标，均假设按照时点指标进行处理。一般情况下是把1年内的不同时点的现金流量看成当年年末这一时点的数值，把终结现金流量看作最后1年年末发生的。所以该假设又称年末习惯假设。

确定性假设。假定与项目现金流量有关的价格、产销量、成本水平和企业所得税税率等因素均为已知常数。

(2) 不同时期现金净流量的计算

初始现金流量。初始现金流量是指开始投资时发生的现金流量，是现金流出量，一般包括如下几个部分：

A. 固定资产上的投资，包括固定资产的购建成本、运输成本和安装成本等。

B. 流动资产上的投资，包括对材料、在产品、产成品和现金等流动资产的投资。

C. 其他投资费用，如与项目有关的职工培训费。

D. 原有固定资产的变价收入，是指固定资产更新时变卖原有资产所得的现金收入。

若原始投资在建设期内投入，则

建设期某年的现金净流量＝该年现金流入－该年现金流出

＝该年发生的投资额

营业现金流量。营业现金流量是指投资项目投入使用后，在其经营期内由于生产经营所带来的现金流入和流出的数量。这里现金流入一般是指营业现金收入，现金流出是指营业现金支出和交纳的税金。

终结现金净流量。是指项目完结时发生的现金流量，主要包括：

A. 固定资产的残值收入或变现收入；

B. 流动资金全额回收。

综上所述，经营期某年现金净流量可用下列公式计算：

直接法：

经营期某年所得税后净现金流量＝该年现金流入量－该年现金流出量

间接法 1：

经营期某年所得税前净现金流量＝该年息税前利润＋该年折旧＋该年摊销＋该年回收额

间接法 2：

经营期某年所得税后净现金流量＝该年息税前利润×（1－所得税税率）＋该年折旧＋该年摊销＋该年回收额

(3) 现金流量的作用

以现金流量作为项目投资的重要价值信息其主要作用在于以下：

现金流量信息所揭示的未来期间现实货币资金收支运动，可以序时动态地反映项目投资的流出与回收之间的投入产出关系，使决策者在投资主体的立场上，完整、准确、全面地评价具体投资项目的经济效益。

利用现金流量指标代替利润指标作为反映项目效益的信息，可以克服因贯彻财务会计的权责发生制原则而带来的计量方法和计算结果的不可比和不透明等问题。即：由于不同的投资项目可能采取不同的固定资产折旧方法、存货估价方法或费用摊配方法，从而导致不同方案的利润信息相关性差、透明度不高和可比性差。

利用现金流量信息排除了非现金收付内部周转的资本运动形式从而简化了有关投资决策评价指标的计算过程。

由于现金流量信息与项目计算期的各个时点密切结合，有助于在计算投资决策评价指标时应用资金时间价值的形式进行动态投资效果的综合评价。

4.项目现金净流量估算举例

下面举例说明现金流量的估算，以及单纯固定资产投资项目、完整工业投资项目、更新改造项目三种类型项目现金流量的主要内容。

(1) 现金流量的主要内容

三种类型项目现金流量的主要内容

项目类型		现金流入量	现金流出量
新建项目	单纯固定资产投资项目	(1) 新增的营业收入 (2) 回收固定资产的余值	(1) 固定资产投资 (2) 新增经营成本 (3) 增加的各种税款
	完整工业投资项目	(1) 营业收入 (2) 回收固定资产余值 (3) 回收流动资金	(1) 建设投资 (2) 流动资金投资 (3) 经营成本 (4) 营业税金及附加 (5) 调整所得税 (6) 维持运营投资
更新改造项目		(1) 使用新固定资产增加的营业收入 (2) 处置旧固定资产的变现净收入 (3) 新旧固定资产回收余值的差额	(1) 购置新固定资产的投资 (2) 使用新固定资产增加的流动资金投资 (3) 使用新固定资产增加的经营成本 (4) 使用新固定资产增加的各种税款(因旧固定资产提前报废产生的净损失抵税以负值表示)

(2) 项目现金流量表

项目现金流量表

单位：万元

项目计算期 (第 t 年)	建设期		经营期						合计
	0	1	2	3	4	5	⋯	n	
一、现金流入量									
1. 营业收入	×	×	√	√	√	√	√	√	Σ
2. 回收固定资产余值	×	×	×	×	×	×	×	√	Σ
3. 回收流动资金	×	×	×	×	×	×	×	√	Σ
4. 其他现金流入量	×	×	?	?	?	?	?	?	Σ
5. 现金流入量合计	0	0	Σ	Σ	Σ	Σ	Σ	×	Σ
二、现金流出量									

续表

项目计算期 （第 t 年）	建设期		经营期						合计
	0	1	2	3	4	5	…	n	
1. 建设投资	√	×	×	×	×	×	×	×	Σ
2. 流动资金投资	×	√	×	×	×	×	×	×	Σ
3. 经营成本	×	×	√	√	√	√	√	√	Σ
4. 各项税款	×	×	√	√	√	√	√	√	Σ
5. 现金流出量的合计	Σ	Σ	Σ	Σ	Σ	Σ	Σ	Σ	Σ
三、净现金流量	—	—	+	+	+	+	+	+	Σ

注：假设本项目的建设期为1年。表中："×"表示当年没有发生额；"√"表示当年有发生额；"?"表示当年可能有发生额；"Σ"表示求和；"—"表示数值为负值；"+"表示数值为正值。

三、项目投资决策评价指标及其运用

（一）项目投资决策评价指标体系

现金净流量计算出来后，应采用适当的指标进行评价。在项目投资财务评价指标中，有六种指标是最基础的，它们分别是：投资利润率、静态投资回收期、净现值、净现值率、现值指数和内含报酬率等指标。项目投资财务评价指标可根据不同的标志进行如下分类：

1. 根据是否考虑资金时间价值分类

长期投资的决策指标按其是否考虑货币时间价值，可分为非折现评价指标和折现评价指标。非折现评价指标是指在计算过程中不考虑货币时间价值因素的指标，又称为静态指标，包括：投资利润率、投资回收期等。与非折现评价指标相反，折现评价指标在计算过程中必须考虑和利用货币时间价值，所以折现评价指标又称为动态指标，包括：净现值、净现值率、现值指数和内含报酬率等。

2. 按指标的性质分类

长期投资的决策指标按其性质不同，可分为在一定范围内越大越好的正指标和越小越好的反指标。投资利润率、净现值、净现值率、现值指数和

内含报酬率属于正指标,静态投资回收期属于反指标。

3. 按指标的数量特征分类

长期投资的决策指标按其数量特征分为绝对指标和相对指标。绝对指标包括静态投资回收期指标(以时间为计量单位)和净现值指标(以价值量为计量单位);相对指标包括现值指数、净现值率和内含报酬率等。

4. 按指标的重要程度分类

长期投资的决策指标按其重要程度分类,可分为主要指标、次要指标和辅助指标。净现值、内含报酬率等为主要指标,投资回收期为次要指标,投资利润率为辅助指标。

(二)项目投资静态评价指标

人们习惯上把以某一特定指标为其评价标准或依据的方法称为以该指标命名的方法。如投资利润率法,是以投资利润率指标作为评价标准或依据的方法。因此对某一特定方法的理解,重点在于对某一指标的基本理解上。

1. 投资利润率

投资利润率又称投资报酬率,记作 ROI,是指投资项目正常利润或平均利润与投资总额的比值。其计算公式为:

$$投资利润率(ROI) = \frac{年平均息税前利润}{项目投资总额} \times 100\%$$

投资利润率的决策标准是:入选方案,投资利润率 > 无风险投资利润率;选择投资利润率最大的方案。

投资利润率指标的优点是简单、明了、易于掌握,且该指标不受建设期的长短、投资的方式、回收额的有无以及净现金流量的大小等条件的影响,能够说明各投资方案的收益水平。该指标的缺点:①没有考虑货币时间价值因素,不能正确反映建设期长短及投资方式不同对项目的影响。②该指标的分子分母其时间特征不一致,因而在计算口径上可比基础较差。③该指标的计算无法直接利用净现金流量信息。

2. 静态投资回收期

静态投资回收期,是指收回初始投资所需的时间。它一般以年为单位,是一种使用广泛的投资决策指标。

静态投资回收期有"包括建设期的投资回收期（记作 PP ）"和"不包括建设期的投资回收期（记作 PP' ）"两种形式，二者的关系为：$PP=$ 建设期 $+PP'$ 。

静态投资回收期指标的计算有公式法和列表法两种方法。

(1) 公式法

如果某一项目投资均集中发生在建设期内，经营期每年的现金净流量相等，且其合计大于或等于原始投资额，那么包括建设期的静态投资回收期可按下式计算：

$$静态投资回收期(PP)=\frac{建设期+原始投资合计}{经营期每年的现金净流量}$$

(2) 列表法

如果经营期每年的现金净流量不相等，那么不能采用公式法，而应当通过列表计算的方法。所谓列表法是指通过列表计算"累计净现金流量"的方式，来确定包括建设期的投资回收期的方法。因为不论在什么情况下，都可以通过这种方法来确定静态投资回收期，所以此方法又称为一般方法。

该法的原理是：按照回收期的定义，包括建设期的投资回收期满足以下关系式：

$$\sum_{t=0}^{PP} NCF_t = 0$$

这表明在财务现金流量表的"累计净现金流量"一栏中，包括建设期的投资回收期恰好是累计净现金流量为零的年限。

如果无法在"累计净现金流量"栏上找到零，那么必须按下式计算包括建设期的投资回收期：

投资回收期（PP）＝最后一项为负值的累计净现金流量对应的年数＋

$$\frac{最后一项为负值的累计净现金流量绝对值}{下半年净现金流量}$$

静态回收期的决策标准是：入选方案，静态回收期≤期望回收期；如果同时有几个投资方案可供选择，选择回收期最短的方案。

投资回收期的优点也是能够直观地反映原始总投资的返本期限，便于计算和理解。主要缺点在于：①没有考虑资金时间价值。②只考虑了回收期内的现金净流量，没有考虑回收期满后的现金净流量。所以，它有一定的局限性，一般只能作为项目投资决策的次要指标使用。

(三) 项目投资动态评价指标

1. 净现值

净现值是指在项目计算期内，投资回收额的现值与投资额现值的差额，是项目计算期各年现金净流量的现值之和，记作 NPV。其计算公式为：

净现值 = $\sum$(项目计算期内各年的现金净流量 × 复利现值系数)

即

$$NPV = \sum NCF_i \times (1+i)^{-t}$$

在原始投资均集中在建设期初一次性投入、其余时间不再发生投资的情况下，净现值是指按选定的折现率计算的项目投产后各年现金净流量的现值之和减去初始投资后的余额。其计算公式为：

净现值 = $\sum$(项目投产后各年的现金净流量 × 复利现值系数) — 初始投资额

采用净现值指标的决策标准是：净现值≥0 为可行方案；净现值＜0 为不可行方案。如果几个方案的投资额相等，且净现值都是正数，那么净现值最大的方案为最优方案。

应当指出的是，在项目评价中，正确地选择折现率至关重要，它直接影响到项目评价的结论。如果选择的折现率过低，那么会导致一些经济效益较差的项目得以通过，从而浪费了有限的社会资源；如果选择的折现率过高，那么会导致一些效益较好的项目不能通过，从而使有限的社会资源不能充分发挥作用。在实务中，一般采用以下几种方法来选定项目的折现率：①以投资项目的资金成本作为折现率。②以投资的机会成本作为折现率。③根据不同阶段采用不同的折现率。(在计算项目建设期净现金流量现值时，以贷款的实际利率作为折现率；在计算项目经营期净现金流量时，以全社会资金平均收益率作为折现率)。④以行业平均资金收益率作为项目折现率。净现值的优点有三：一是考虑了资金的时间价值，能够反映各种投资方案的净收益，增强了投资经济性的评价；二是考虑了项目计算期的全部净现金流量，体现了流动性与收益性的统一；三是考虑了投资风险性，因为折现率的大小与风险的高低有关，风险越高，折现率也就越高。因而用净现值指标进行评价的方法是一种较好的方法。

净现值的缺点是不能揭示各个投资方案本身可能达到的实际投资报酬率是多少，当各个投资方案的投资额不相同时，单纯看净现值的绝对值就不能做出正确的评价。因此，就应采用其他方法结合进行评价。

2. 净现值率

净现值率（记作 $NPVR$），是指投资项目的净现值占原始投资现值总额的百分比。计算公式为：

$$净现值率 = \frac{投资项目净现值}{原始投资现值总额} \times 100\%$$

净现值率的决策标准是：净现值率≥0 为可行方案，净现值率＜0 为不可行方案。在可供选择的项目中，净现值率最大的方案为最优方案。

净现值率是一个折现的相对量评价指标，其优点在于可以从动态的角度反映项目投资的资金投入与净产出之间的关系；其缺点与净现值指标相似，同样无法直接反映投资项目的实际收益率。

3. 现值指数

现值指数（记作 PI），是指按选定的折现率计算的项目投产后各年现金净流量的现值之和与原始投资现值总额之比。计算公式为：

$$现值指数 = \frac{项目投产后各年现金净流量的现值之和}{原始投资现值总额}$$

获利指数 = 1 + 净现值率

现值指数的决策标准是：现值指数≥1，该方案为可行方案；现值指数＜1，该方案为不可行方案；如果几个方案的现值指数均＞1，那么现值指数越大，投资方案越好。

现值指数的优缺点与净现值基本相同，但有一重要区别是，现值指数可从动态的角度反映项目投资的资金投入与总产出之间的关系，可以弥补净现值在投资额不同方案之间不能比较的缺陷，使投资方案之间可直接用现值指数进行对比。其缺点除了无法直接反映投资项目的实际收益率外，计算起来比净现值指标复杂，计算口径也不一致。

4. 内部收益率

内部收益率又称内含报酬率（记作 IRR），即投资项目实际可望达到的报酬率，是使投资项目的净现值等于零的折现率。根据其定义，内部收益率满足下列等式：

$$\sum_{t=0}^{n} NCF_i \left(P/F, IRR, n \right) = 0$$

内部收益率的计算方法根据各年的现金流量是否相等分为以下两种情况：

(1) 当投产后各年的现金净流量相等，则按下列步骤计算：

①求年金现值系数。

列式：

$$NPV = A \times (P/A, i, n) - I = 0$$

则有：

$$(P/A, i, n) = I/A$$

上式中 I 为建设起点一次投入的原始投资。

②查年金现值系数表，在相同的期数内，找出与上述年金现值系数相邻近的较大和较小的两个折现率。

③根据上述两个邻近的折现率和已求得的年金现值系数，采用插值法计算出该投资项目的内含报酬率。

(2) 如果每年的现金净流量不相等，那么采用逐次测试法计算内部收益率

内部收益率是个折现金相对量正指标，采用这一指标的决策标准是：将所测算的各方案的内部收益率与其资金成本对比，如果方案的内含报酬率大于其资金成本，该方案为可行方案；如果投资方案的内含报酬率小于其资金成本，为不可行方案。如果几个投资方案的内部收益率都大于其资金成本，那么内部收益率最大的方案最好。

内部收益率的优点是非常注重资金时间价值，能从动态的角度直接反映投资项目的实际收益水平，且不受行业基准收益率高低的影响，比较客观。但该指标的计算过程比较麻烦，当进入生产经营期又发生大量追加投资时，就有可能导致多个高低不同的内含报酬率出现，依据多个内部收益率进行评价就会失去实际意义。

以上介绍的净现值、净现值率、现值指数、内部收益率四个指标,都属于折现的决策评价指标,它们之间存在以下数量关系,即:

当净现值＞0时,净现值率＞0,现值指数＞1,内部收益＞设定折现率;

当净现值＝0时,净现值率＝0,现值指数＝1,内部收益:设定折现率;

当净现值＜0时,净现值率＜0,现值指数＜1,内部收益＜设定折现率。

此外,净现值率的计算需要在已知净现值的基础上进行,内部收益率在计算时也需要利用净现值的计算技巧或形式。这些指标都会受到建设期的长短、投资方式,以及各年净现金流量的数量特征的影响。所不同的是净现值为绝对量指标,其余为相对数指标,计算净现值、净现值率和现值指数所依据的折现率都是事先已知的设定折现率,而内部收益率的计算本身与设定折现率的高低无关。

四、项目投资财务决策

计算评价指标的目的,是为项目投资提供决策的定量依据,进行项目的评价与优选。由于评价指标的运用范围不同,评价指标的自身特征不同,评价指标之间的关系比较复杂,所以,必须根据具体运用范围确定如何运用评价指标。

(一) 独立投资项目决策

在财务管理中,将一组相互分离、互不排斥的项目称为独立项目,独立项目之间,选择一个项目不影响另一个项目的实施。具体而言,独立项目存在的前提条件是:①无资本限制。②无资本优先使用顺序的排列。③投资项目所需的人力、物力均能得到满足。④不考虑地区、行业之间的相互关系及其影响。⑤每一投资项目是否可行仅取决于本项目的经济效益,与其他项目无关。

独立投资项目的决策就是要评价投资项目的财务可行性,不需要做出优选决策,即只需要做出"接受"或"拒绝"的选择决策。由于前面讲到的折现评价指标和非折现评价指标之间在回答项目是否可行的结论时有可能出现背离，所以在项目评价过程中做如下界定：①如果折现指标评价结论为可行，非折现指标评价结论为可行，那么该项目完全具备可行性。②如果折现指标评价结论为可行，非折现指标评价结论为不可行，那么该项目基本具备可行性。③如果折现指标评价结论为不可行，非折现指标评价结论为可行，那么该项目基本不具备可行性。④如果折现指标评价结论为不可行，非折现指标评价结论也为不可行，那么该项目完全不具备可行性。

（二）互斥投资项目决策

项目投资决策中的互斥方案是指在决策时涉及的多个相互排斥、不能同时并存的投资方案。互斥方案决策过程就是在每一个入选方案已具备财务可行性的前提下，从备选方案中选出一个最优方案的过程。

在项目投资的多方案比较决策理论中，将利用某一特定评价指标作为决策标准或依据的方法称为以该项指标命名的方法，如以净现值作为互斥方案择优依据的方法就是所谓净现值法；同样道理还有净现值率法、差额投资内部收益率法和年等额净回收额法等。

1. 净现值法

净现值法和净现值率法适用于原始投资相同且项目计算期相等的多方案比较决策，在这种情况下，可以选择净现值或净现值率大的方案作为最优方案。

比如，某固定资产投资项目需要原始投资1000万元，有甲、乙、丙、丁四个互相排斥的备选方案可供选择，已知各方案的净现值指标从大到小分别为甲、丙、丁、乙（四个备选方案的净现值均大于零，均具有财务可行性）。依据净现值法的决策标准，甲方案最优，丙方案其次，再次为丁方案，最差为乙方案。

2. 差额投资内部收益率法

差额内部收益率法，是指在两个原始投资额不同方案的差量净现金流量的基础上，计算出差额内部收益率（ΔIRR），并与行业基准折现率进行比较，进而判断方案优劣的方法。

该法适用于两个原始投资不相同，但项目计算期相同的多方案比较决策。

该法还经常被用于更新改造改造项目的投资决策中,当更新改造项目的差额内部收益率指标大于基准收益率或设定折现率时,应当进行更新改造;反之,就不应当进行更新改造。

3. 年等额净回收额法

年等额净回收额法,是指通过比较所有投资方案的年等额净回收额(归)指标的大小来选择最优方案的方法。

该法适用于原始投资不同,特别是项目计算期不同的多方案比较决策。

采用年等额净回收额决策的标准是:在所有方案中,年等额净回收额最大的方案为最优方案。

(三) 投资项目组合决策

如果一组方案中,既不属于相互独立,又不属于相互排斥,而是可以实现任意组合或者排队,那么这些方案被称为组合或排队方案。

1. 多方案组合决策的总体原则

多方案组合决策的总体原则是:在确保充分利用资金的前提下,力争获取最多的净现值。

2. 具体原则

在资金总量不受限制的情况下,选择所有净现值大于或等于0的方案进行组合,可按每一项目的净现值大小来排队,确定优先考虑的项目顺序。

在资金总量受到限制时,则需按净现值率或获利指数的大小,结合净现值进行各种组合排队,从中选出能使累计 NPV 最大的组合。

具体程序如下:

第一,以各方案的净现值率高低为序,逐项计算累计投资额,并与限定投资总额进行比较。

第二,当截止到某项投资项目(假定为第 j 项)的累计投资额恰好达到限定的投资总额时,则第1项至第 j 项的项目组合为最优的投资组合。

第三,若在排序过程中未能直接找到最优组合,必须按下列方法进行必要的修正。

①当排序中发现第 j 项的累计投资额首次超过限定投资额,而删除该项

后，按顺延的项目计算的累计投资额却小于或等于限定投资额时，可将第 j 项与第 $(j+1)$ 项交换位置，继续计算累计投资额。这种交换可连续进行。

②当排序中发现第 j 项的累计投资额首次超过限定投资额，又无法与下一项进行交换，第 $(j-1)$ 项的原始投资大于第 j 项原始投资时，可将第 j 项与第 $(j-1)$ 项交换位置，继续计算累计投资额。这种交换亦可连续进行。

③若经过反复交换，已不能再进行交换，但仍未找到能使累计投资额恰好等于限定投资额的项目组合时，可按最后一次交换后的项目组合作为最优组合。

第二节　营运资金管理实务

一、营运资金的含义与特点

（一）营运资金的含义

营运资金又称循环资本，是指一个企业维持日常经营所需的资金，通常指流动资产减去流动负债后的差额。用公式表示为：

营运资金总额＝流动资产总额－流动负债总额

流动资产是指可以在一年或超过一年的一个营业周期内变现或耗用的资产，包括货币资金、交易性金融资产、应收预付款项、存货等。

流动负债是指必须在一年或超过一年的一个营业周期内偿还的债务，包括短期借款、应付预收款项、应交税费等。

营运资金的存在表明企业的流动资产占用的资金除了通过流动负债筹集外，还通过长期负债或所有者权益筹集。

（二）营运资金的特点[1]

营运资金的特点体现在流动资产和流动负债的特点上。

1. 流动资产的特点

与固定资产投资相比，流动资产有如下特点：

---

[1] 袁建国，周丽媛. 财务管理（第7版）[M]. 沈阳：东北财经大学出版社，2021：74-92.

(1) 投资回收期短

流动资产的投资回收期短，其耗费可以较快地从营业收入中得到补偿，即流动资产的实物耗费与价值补偿是在一个生产经营周期内同时完成的。

(2) 流动性强

流动资产在生产经营过程中所经历的供、产、销周转过程的时间很短，这使得流动资产的变现能力较强。

(3) 具有并存性

流动资产的各种占用形态同时分布在供、产、销各周转过程中，即从空间上看是并存的。

(4) 具有波动性

流动资产需要不断购买和售卖，受市场供求变化和季节性影响较大，还受外部经济环境、经济秩序等因素制约。

2. 流动负债的特点

与长期负债筹资相比，流动负债筹资具有如下特点：

(1) 速度快

申请短期借款往往比申请长期借款更容易，通常在较短时间内便可获得。而长期借款的借贷时间长，贷方风险大，贷款人需要对企业的财务状况评估后才能做出决定。因此，当企业急需资金时，往往首先寻求短期借款。

(2) 弹性大

与长期债务相比，短期贷款给债务人更大的灵活性。长期债务债权人为了保护其利益，一般要在债务合同中加以种种限制。而短期借款合同中的限制条款比较少，使借款企业有较大的灵活性。

(3) 成本低

在正常情况下，流动负债筹资所发生的利息支出低于长期负债筹资的利息支出。某些商业信用形成的融资甚至没有利息负担。

(4) 风险高

流动负债的风险大于长期负债，这主要表现在两个方面：一是长期负债的利息相对比较稳定，在相当长时间内保持不变；而流动负债的借款利率则随市场利率的变化而变化，时高时低。二是如果企业过多筹集流动负债，当负债到期时，企业不得不在短期内筹集大量资金偿还债务，这极易造成企业财务状况恶化,甚至会因无法及时还债而破产。

二、现金的管理

现金,是指在生产过程中暂时停留在货币形态上的资金,包括库存现金、银行存款、银行本票和银行汇票等。

现金是变现能力最强的资产,可以满足生产经营开支的各种需要,也是还本付息和履行纳税义务的保证。因此,拥有足够的现金对降低企业风险、增强企业资产的流动性和债务的可清偿性有重要意义。

现金是流动资产中流动性最好的资产,但也是获利能力最差的资产。现金管理的过程就是在现金的流动性与收益性之间进行权衡选择的过程。也就是说,现金管理的流动性是有效地保证企业随时有资金可以利用,并从闲置的资金中得到最大的利息收入。通过现金管理,使现金收支不但在数量上,而且在时间上相互衔接,对于保证企业经营活动的现金需要,降低企业闲置的现金数量,提高资金收益率具有重要意义。

(一)持有现金的动机

企业置存一定数量的现金主要是为了满足交易性动机、预防性动机和投机性动机。

1. 交易性动机

企业的交易性动机是指企业在正常生产经营秩序下应当保持的一定的现金支付能力。企业每天现金收入和支出很少同时等额发生,为了组织日常生产经营活动,保持一定量的现金余额是完全必要的,可以保证企业在现金出现收支暂时不平衡的情况下,不至于中断经营。一般说来,企业为满足交易性动机所持有的现金余额主要取决于企业的销售水平。

在许多情况下,企业向客户提供的商业信用条件和它从供应商那里获得的信用条件不同,使企业必须持有现金。若供应商提供的信用条件是30天付款,而企业迫于竞争压力,则向顾客提供45天的信用期,这样,企业必须筹集够15天的营运资金来维持企业运转。

另外,企业业务的季节性,要求企业逐渐增加存货以等待季节性的销售高潮,这时,一般会发生季节性的现金支出,企业现金余额下降,而随着销售高潮到来，存货减少，现金又逐渐恢复到原来水平。

2. 预防性动机

预防性动机是指企业为应付突发事件而需要保持的现金支付能力。这种突发事件可能是政治环境变化，也可能是企业的某大客户违约导致企业突发性偿付等。尽管财务部门可以利用各种手段来较准确地估算企业需要的现金数，但是这些突发事件会使原本很好的财务计划失去效果。因此，在正常业务活动现金需要量的基础上，追加一定数量的现金余额以应付未来现金流入和流出的随机波动，是企业在确定必要现金持有量时应当考虑的因素。

为应付意料不到的现金需要，企业需掌握的现金额取决于：①企业愿冒短缺现金风险的程度。②企业预测现金收支的可靠程度。③企业临时融资能力的强弱。希望尽可能减少风险的企业倾向于保留大量的现金余额，以应付其交易性需求和大部分预约性资金需求。另外，企业会与银行维持良好的关系，以备现金短缺之需。

3. 投机性动机

投机性动机是企业为了抓住各种瞬息即逝的市场机会，获取较大利益而准备的现金余额。这种机会大都是转瞬即逝的，如证券价格的突然下跌，或购买一次性降价的商品，企业若没有用于投机的现金，就会错过这一机会。其持有量大小往往与企业在金融市场上的投资机会及企业对待风险的态度有关。

除了上述三种基本的现金需求外，还有许多企业是将现金作为补偿性余额来持有的。补偿性余额是企业同意保持的账户余额，它是企业对银行所提供借款或其他服务的一种补偿。这部分内容在筹资环节介绍。

（二）目标现金持有额的确定

确定最佳现金持有量的模式主要有成本模型和随机模型。

1. 成本模型

成本模型强调的是：持有现金是有成本的，最优的现金持有量是根据现金有关成本，分析预测其总成本最低时现金持有量的一种方法。模型考虑的现金持有成本包括如下项目：

（1）机会成本

现金的机会成本，是指企业因持有一定现金余额丧失的再投资收益。

再投资收益是企业不能同时用该现金进行有价证券投资产生的机会成本，这种成本在数额上等于资金成本。例如：某企业的资本成本为8%，年均持有现金60万元，则该企业每年的现金机会成本为4.8万元（60×8%）。放弃的再投资收益即机会成本属于变动成本，它与现金持有量是正比例关系，即现金持有量越大，机会成本越大；反之就越小。

(2) 管理成本

现金的管理成本，是指企业因持有一定数量的现金而发生的管理费用。例如管理者工资、安全措施费用等。一般认为这是一种固定成本，它在一定范围内与现金持有量的多少关系不大，是与决策无关的成本。

(3) 短缺成本

现金的短缺成本，是指由于现金持有量不足而又无法及时通过有价证券变现加以补充而给企业造成的损失，包括直接损失与间接损失。短缺成本与现金持有量之间呈方向变动关系，也就是说，现金的短缺成本随现金持有量的增加而下降，随现金持有量的减少而上升，即与现金持有量负相关。

成本分析模式是根据现今有关成本，分析预测其总成本最低时现金持有量的一种方法。其计算公式为：

最佳现金持有量= min（机会成本＋管理成本＋短缺成本）

其中，管理成本属于固定成本，不予考虑；机会成本是正相关成本，短缺成本是负相关成本。因此，成本分析模式是要找到机会成本和短缺成本所组成的总成本曲线中最低点所对应的现金持有量，把它作为最佳现金持有量。相关成本关系如表2-1所示。

表2-1 相关成本关系表

涉及的成本	含义	与现金持有量的关系
机会成本	因持有现金而丧失的再投资收益	正比例变动
短缺成本	现金持有量不足而又无法及时通过有价证券变现加以补充而给企业造成的损失	反向变动
最佳现金持有量：上述两项成本之和最小的现金持有量		

机会成本＝现金持有量 × 有价证券利率（或报酬率）

短缺成本与现金持有量呈反方向变动关系。这些成本同现金持有量之间的关系如图2-4所示。

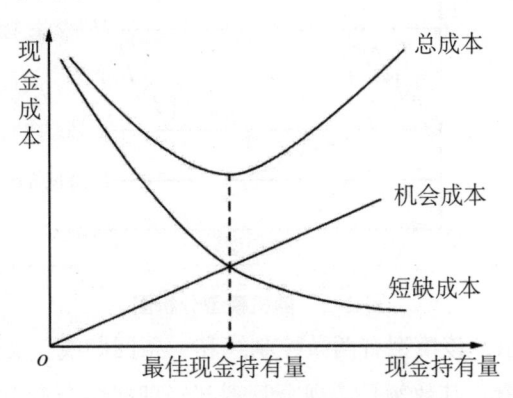

图2-4 成本模型分析图

从图2-4可以看出，由于各项成本同现金持有量的变动关系不同，使得总成本曲线呈抛物线形，抛物线的最低点，即为成本最低点，该点所对应的现金持有量便是最佳现金持有量，此时总成本最低。成本模型是基于上述原理来确定现金最佳持有量的。在这种模式下，最佳现金持有量，就是持有现金而产生的机会成本与短缺成本之和最小时的现金持有量。

2. 随机模型（米勒—奥尔模型）

在实际工作中，企业现金流量往往具有很大的不确定性。米勒（M.Miller）和奥尔（D.Orr）设计了一个在现金流入、流出不稳定情况下确定现金最优持有量的模型。他们假定每日现金净流量的分布接近正态分布，每日现金净流量可能低于也可能高于期望值，其变化是随机的。由于现金流量波动是随机的，只能对现金持有量确定一个控制区域，定出上限和下限。当企业现金余额在上限和下限之间波动时，表明企业现金持有量处于合理的水平，无须进行调整；当现金余额达到上限时，则将部分现金转换为有价证券；当现金余额下降到下限时，则卖出部分有价证券。

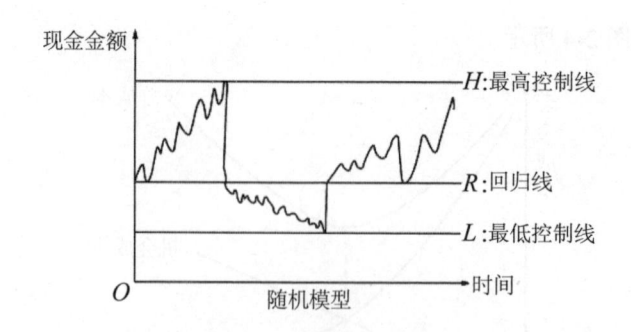

图 2-5 随机模型分析图

如图2-5所示，该模型有两条控制线和一条回归线。最低控制线 L 取决于模型之外的因素，其数额是由现金管理部经理在综合考虑短缺现金的风险程度、公司借款能力、公司日常周转所需资金和银行要求的补偿性余额等因素的基础上确定的。回归线 R 可按下列公式计算：

$$R = \left(\frac{3b\delta^2}{4i}\right)^{\frac{1}{3}} + L$$

式中：b——证券转换为现金或现金转换为证券的成本；

δ——公司每日现金流变动的标准差；

i——以日为基础计算的现金机会成本。

最高控制线 H 的计算公式为：

$$H = 3R - 2L$$

运用随机模型求货币资金最佳持有量符合随机思想，即企业现金支出是随机的，收入是无法预知的，所以，适用于所有企业现金最佳持有量的测算。此外，随机模型建立在企业的现金未来需求总量和收支不可预测的前提下，因此，计算出来的现金持有量比较保守。

(三) 现金管理模式

1.收支两条线的管理模式

"收支两条线"原本是政府为了加强财政管理和整顿财政秩序对财政资金采取的一种管理模式。当前，企业特别是大型集团企业，也纷纷采用"收支两条线"资金管理模式。

(1) 企业实行收支两条线管理模式的目的

企业作为追求价值最大化的营利性组织，实施"收支两条线"主要出于两方面目的：一方面，对企业范围内的现金进行集中管理，减少现金持有成本，加速资金周转，提高资金适用效率；另一方面，以实施收支两条线为切入点，通过高效的价值化管理来提高企业效益。

(2) 收支两条线资金管理模式的构建

构建企业"收支两条线"资金管理模式，可以从规范资金的流向、流量和流程三个方面入手。

①资金的流向方面。企业"收支两条线"要求各部门或分支机构在内部银行或当地银行设立两个账户（收入户和支出户），并规定所有收入的现金都必须进入收入户（外地分支机构的收入户资金还必须及时、足额地回笼到总部），收入户资金由企业资金管理部门（内部银行或财务结算中心）统一管理，而所有的货币性支出都必须从支出户里支付，支出户里的资金只能根据一定的程序由收入户划拨而来，严禁现金坐支。

②资金的流量方面。在收入环节上要确保所有收入的资金都进入收入户，不允许有私设的账外小金库。另外，还要加快资金的结算速度，尽量压缩资金在结算环节的沉淀量；在调度环节上通过动态的现金流量预算和资金收支计划实现对资金的精确调度；在支出环节上，根据"以收定支"和"最低限额资金占用"的原则从收入户按照支出预算安排将资金定期划拨到支出户，支出户平均资金占用额应压缩到最低限度。有效的资金流量管理将有助于确保及时、足额地收入资金，合理控制各项费用支出和有效调剂内部资金。

③资金的流程方面。资金流程是指与资金流动有关的程序和规定。它是收支两条线内部控制体系的重要组成部分，主要包括以下几个部分：一是关于账户管理、货币资金安全性等规定；二是收入资金管理与控制；三是支出资金管理与控制；四是资金内部结算和信贷管理与控制；五是收支两条线的组织保障等。

需要说明的是，收支两条线作为一种企业的内部资金管理模式，与企业的性质、战略、管理文化和组织架构都有很大的关系。因此，企业在构建收支两条线管理模式时，一定要注意与自己的实际结合，以管理有效性为导向。

2. 集团企业资金集中管理模式

(1) 资金集中管理模式的概念

资金集中管理，也称司库制度，是指集团企业借助商业银行网上银行功能及其他信息技术手段，将分散在集团各所属企业的资金集中到总部，由总部统一调度、统一管理和统一运用。其在各个集团的具体运用可能会有所差异，但一般都包括以下主要内容：资金集中、内部结算、融资管理、外汇管理和支付管理等。其中资金集中是基础，其他各方面均建立在此基础之上。目前，资金集中管理模式逐渐被我国企业集团所采用。

(2) 集团企业资金集中管理的模式

资金集中管理模式的选择实质上是集团管理是集权还是分权管理体制的体现，也就是说企业集团内部所属各子企业或分部是否有货币资金使用的决策权、经营权，这是由行业特点和本集团资金运行规律决定的。现行的资金集中管理模式大致可以分为以下几种：

①统收统支模式。在该模式下，企业的一切资金收入都集中在集团总部的财务部门，各分支机构或子企业不单独设立账号，一切现金支出都通过集团总部财务部门付出，现金收支的批准权高度集中。统收统支模式有利于企业集团实现全面收支平衡，提高资金的周转效率，减少资金沉淀，监控现金收支，降低资金成本。但是该模式可能会不利于调动成员企业开源节流的积极性，影响成员企业经营的灵活性，以致降低整个集团经营活动和财务活动的效率。

②拨付备用金模式。拨付备用金模式是指集团按照一定的期限统拨一定数额的现金给所有所属分支机构或子企业备其使用。各分支机构或子企业于发生现金支出后，持有关凭证到集团财政部门报销以补足备用金。

③结算中心模式。结算中心通常是由企业集团内部设立的，办理内部各成员现金收付和往来结算业务的专门机构。结算中心通常设立于财务部门内，是一个独立运行的职能机构。

④内部银行模式。内部银行是将社会银行的基本职能与管理方式引入企业内部建立起来的一种内部资金管理机构，主要职责是进行企业或集团内部日常的往来结算和资金调拨、运筹。

⑤财务公司模式。财务公司是一种经营部分银行业务的非银行金融机构。其主要职责是开展集团内部资金集中结算，同时为集团成员企业提供包括存贷款、融资租赁、担保、信用鉴证、债券承销和财务顾问等在内的全方位金融服务。

(四) 现金回收的管理

现金回收管理的目的是尽快收回现金，加速现金的周转。为此，企业应建立销售与收款业务控制制度，并且根据成本与收益比较原则选用适当方法加速账款的收回。

1. 收账的流动时间

一个高效率的收款系统能够使收款成本和收款浮动期达到最小，同时能够保证客户汇款及其他现金流入信息的质量。收款系统成本包括浮动期成本、管理收款系统的相关费用（例如银行手续费）及第三方处理费用或清算相关费用。在获得资金之前，收款在途项目使企业无法利用这些资金，也会产生机会成本。信息的质量包括收款方得到的付款人的姓名、付款的内容和时间。信息要求及时、准确地到达收款人一方，以便收款人及时处理资金，做出发货的安排。

收款浮动期是指从支付开始到企业收到资金的时间间隔。收款浮动期主要是纸质支付工具导致的，有下列三种类型：

(1) 邮寄浮动期

邮寄浮动期是指从付款人寄出支票到收款人的处理系统收到支票的时间间隔。

(2) 处理浮动期

处理浮动期是指支票的接受方处理支票和将支票存入银行以收回现金所花的时间。

(3) 结算浮动期

结算浮动期是指通过银行系统进行支票结算所需的时间。

2. 邮寄的处理

纸质支付收款系统主要有两大类：一类是柜台存入体系，一类是邮政支付系统。

这里主要讨论企业通过邮政收到顾客或其他商业伙伴支票的支付系统。一家企业可能采用内部清算处理中心或者一个锁箱来接收和处理邮政支付。具体采用哪种方式取决于两个因素：支付的笔数和金额。

企业处理中心处理支票和做存单准备都在企业内进行。这一方式主要为那些收到的金额相对较小而发生频率很高的企业所采用（例如公用事业企业和保险公司）。场内处理中心最大的优势在于对操作的控制。操作控制有助于：①对系统做出调整。②根据公司需要制定系统程序。③监控掌握客户服务质量。④获取信息。⑤更新应收账款。⑥控制成本。

3. 收款方式的改善

电子支付方式对比纸质（或称纸基）支付方式是一种改进。电子支付方式提供了如下好处：①结算时间和资金可用性可以预计。②向任何一个账户或任何金融机构的支付具有灵活性，不受人工干扰。③客户的汇款信息可与支付同时传送，更容易更新应收账款。④客户的汇款从纸质方式转向电子方式，减少或消除了收款浮动期，降低了收款成本，收款过程更容易控制，并且提高了预测精度。

(五) 现金支出的管理

现金管理的另一个方面就是决定如何使用现金。企业应建立采购与付款业务控制制度，并且根据风险与收益权衡原则选用适当的方法延期支付账款。

与现金收入的管理相反，现金支出管理的主要任务是尽可能延缓现金的支出时间。延期支付账款的方法一般有以下几种：

1. 合理利用"浮游量"

所谓现金的"浮游量"，是指企业账户上现金余额与银行账户上所示的存款余额之间的差额。从企业开出支票，收款人收到支票并存入银行，至银行将款项划出企业账户，中间需要一段时间。现金在这段时间的占用称为现金浮游量。在这段时间里，尽管企业已开出支票，却仍可动用在活期存款账户上的这笔资金。不过，在使用现金浮游量时，一定要控制使用时间，否则会发生银行存款的透支。

2. 推迟支付应付款

企业在不影响自己信誉的前提下，应尽可能地推迟应付款的支付期，充分运用供货方所提供的信用优惠。如遇企业急需现金，甚至可放弃供货方的折扣优惠，在信用期的最后一天支付。

3. 采用汇票付款

在使用支票付款时，只要持票人将支票存入银行，付款人就要无条件地付款。但汇票不是"见票即付"的付款方式，在持票人将汇票送达银行后，银行要将汇票送交承兑，并由付款人将其相应的资金存入银行，银行才会付款给持票人，这样就有可能合法地延期付款。

4. 改进员工工资支付模式

企业可以为支付工资专门设立一个工资账户，通过银行向职工支付工资。为了最大限度地减少工资账户的存款余额，企业要合理预测开出支付工资的支票到职工去银行兑现的具体时间。

5. 透支

如果企业开出支票的金额大于活期存款余额，它实际上是银行向企业提供的信用。透支的限额，由银行和企业共同商定。

6. 争取现金流出与现金流入同步

企业应尽量使现金流出与流入同步，这样，就可以降低交易性现金余额，同时可以减少有价证券转换为现金的次数，提高现金的利用效率，节约转换成本。

7. 使用零余额账户

即企业与银行合作，保持一个主账户和一系列子账户。企业只在主账户保持一定的安全储备，而在一系列子账户不需要保持安全储备。当从某个子账户签发的支票需要现金时，所需要的资金立即从主账户划拨过来，从而使更多的资金可以用作他用。

企业若能有效控制现金支出，同样可带来大量的现金结余。控制现金支出的目标是在不损害企业信誉的条件下，尽可能推迟现金的支出。

三、应收账款的管理

应收账款是企业因对外赊销产品、材料、提供劳务等应向购货方或接受劳务的单位收取的款项。它的实质是收款人向付款人提供的一种商业信用。随着市场经济的发展、商业信用的推行，企业应收账款数额越来越多，应收账款的管理已成为流动资产管理中的一项重要内容。企业提供商业信用，采取赊销、分期付款等销售方式，可以扩大销售，增加利润。但应收账款的增加，也会造成资金成本、坏账损失等费用的增加。应收账款管理的基本目标，就是在充分发挥应收账款功能的基础上，降低应收账款投资的成本，使提供商业信用、扩大销售所增加的收益大于有关的各项费用。

（一）应收账款的成本

企业在采取赊销方式促进销售的同时，会因持有应收账款而付出一定的代价，即为应收账款的成本，包括机会成本、管理成本和坏账成本。

1. 机会成本

机会成本，即因资金投放在应收账款上而丧失的其他收入。这一成本的大小通常与企业维持赊销业务所需要的资金数量（即应收账款投资额）和资金成本率有关。应收账款机会成本可通过以下公式计算得出：

应收账款机会成本＝维持赊销业务所需资金 × 资金成本率

维持赊销业务所需资金＝应收账款平均余额 × 变动成本率

应收账款平均余额＝平均每日赊销额 × 平均收账天数

式中，平均收账天数一般按客户各自赊销额占总赊销额比重为权数的所有客户收账天数的加权平均数计算；资金成本率一般可按有价证券利息率计算。

2. 管理成本

管理成本，即对应收账款进行日常管理而耗费的开支，主要包括对客户的资信调查费用、应收账款账簿记录费用、收账费用等。

3. 坏账成本

坏账成本，即因应收账款无法收回而给企业带来的损失。这一成本一般与应收账款数量同方向变动，即应收账款越多，坏账成本也越多。基于此，为规避发生坏账成本给企业生产经营活动的稳定性带来的不利影响，企业应合理提取坏账准备。

(二)信用政策

信用政策是企业根据自身运营情况制定的管理应收账款的政策。信用政策的决策,是以采用新的信用政策所增加的利润与增加的应收账款成本为衡量标准,只要新增加的利润大于或等于增加的成本,则新方案可行;否则,则不可行。

信用政策主要由以下三方面内容构成:信用标准、信用条件和收账政策。

1. 信用标准

(1) 含义

信用标准,是客户获得企业商业信用所应具备的最低条件,通常以预期的坏账损失率表示。

若企业将信用标准定得过高,将使许多客户因信用品质达不到所设定的标准而被企业拒之门外,这样虽然有利于降低违约风险及收账费用,但不利于企业市场竞争能力的提高和销售收入的扩大。反之,若企业信用标准定得过低,虽然有利于企业扩大销售、提高市场竞争力和占有率,但也会导致坏账损失风险加大和收账费用增加。

因此,企业应当在成本与收益比较原则的基础上,确定适宜的信用标准。

(2) 影响信用标准的因素

企业在信用标准的确定上,也应反映出风险、收益、成本的对称性。因此,必须对影响信用标准的基本因素进行分析。影响企业制定信用标准的基本因素包括以下几种:

①同行业竞争对手的情况。若对手实力很强,企业想要取得或保持优势地位,就需要采取较低的信用标准;相反,则信用标准可以相应严格一些。

②企业承担风险的能力。当企业承担违约风险的能力较弱时,就只能制定严格的信用标准以尽可能降低违约风险的程度;相反,若企业具有较强的违约风险承担能力,可以保持较低的信用标准提高竞争力扩大销售。

③客户的资信程度。企业在制定信用标准时,必须对客户的资信程度

进行调查、分析,并判断客户的信用等级以决定是否给予客户信用优惠。客户资信程度通常从品质(character)、能力(capacity)、资本(capital)、抵押(collateral)和条件(conditions)五个方面进行评估,简称"5C"系统。

A. 品质。品质指顾客的信誉,即履行偿债义务的可能性。企业必须设法了解顾客过去的付款记录,看其是否有按期如数付款的一贯做法,及与其他供货企业的关系是否良好。这点经常被视为评价顾客信用的首要因素。

B. 能力。能力指顾客的偿债能力,即其流动资产的数量和质量以及与流动负债的比例。顾客的流动资产越多,其转换为现金支付款项的能力越强。此外,还应注意顾客流动资产的质量,看是否有存货过多、过时或质量下降,影响其变现能力和支付能力的情况。

C. 资本。资本指顾客的财务实力和财务状况,表明顾客可能偿还债务的背景。

D. 抵押。抵押指顾客拒付款项或无力支付款项时能被用作抵押的资产。这对于不知底细或信用状况有争议的顾客尤为重要。一旦收不到这些顾客的款项,便以抵押品抵补。若这些顾客提供足够的抵押,就可以考虑向他们提供相应的信用。

E. 条件。条件指可能影响顾客付款能力的经济环境。比如,万一出现经济不景气,会对顾客的付款产生什么影响,顾客会如何做等等,这需要了解顾客在过去困难时期的付款记录。

2. 信用条件

信用条件,是指企业接受客户信用订单时所提出的付款要求,主要包括信用期限、折扣期限及现金折扣等。信用条件的基本表现方式如"2/10, n/45",意思是:若客户能够在发票开出后的10天内付款,可以享受2%的现金折扣;若放弃折扣优惠,则全部款项必须在45天内付清。45天为信用期限,10天为折扣期限,2%为现金折扣。

(1) 信用期限

信用期限是指企业允许客户从购货到支付货款的时间间隔。企业产品销售量与信用期限之间存在着一定的依存关系。通常,延长信用期限,可以在一定程度上扩大销售量,从而增加毛利。但不适当地延长信用期限,会给企业带来不良后果:一是使平均收账期延长,占用在应收账款上的资金相应

第二章 项目投资管理实务与营运资金管理实务

增加，引起机会成本增加；二是引起坏账损失和收账费用的增加。因此，企业是否给客户延长信用期限，应视延长信用期限增加的边际收入是否大于增加的边际成本而定。

(2) 现金折扣和折扣期限

延长信用期限会增加应收账款占用的时间和金额。许多企业为了加速资金周转，及时收回货款，减少坏账损失，往往在延长信用期限的同时，采用一定的优惠措施。也就是说，在规定的时间内客户提前偿付货款可按销售收入的一定比率享受折扣。如"2/10，n/30"，表示赊销期限为30天，若客户在10天内付款，则可享受2%的折扣。现金折扣实际上是对现金收入的扣减，企业决定是否提供以及提供多大程度的现金折扣，着重考虑的是提供折扣后所得的收益是否大于现金折扣的成本。

企业究竟应当核定多长的现金折扣期限，以及给予客户多大程度的现金折扣优惠，必须将信用期限及加速收款所得到的收益与付出的现金折扣成本结合起来考虑。同延长信用期限一样，采用现金折扣方式在有利于扩大销售的同时，也需要付出一定的成本代价，即给予现金折扣造成的损失。若加速收款带来的机会收益足以补偿现金折扣成本，企业就可以采取现金折扣或进一步改变当前的折扣方针；若加速收款的机会收益不能补偿现金折扣成本的话，现金优惠条件便被认为是不恰当的。

除上述信用条件外，企业还可以根据需要，采取限段性的现金折扣期与不同的现金折扣率，如"3/10，2/20，n/45"等等。意思是：给予客户45天的信用期限，客户若能在开票后的10日内付款，便可以得到3%的现金折扣；超过10日而能在20日内付款时，也可以得到2%的现金折扣；否则，只能全额支付账面款项。

(3) 信用条件备选方案的评价

虽然企业在信用管理政策中，已对可接受的信用风险水平做了规定，但当企业的生产经营环境发生变化时，就需要对信用管理政策中的一些规定进行修改和调整，并对改变条件的各种备选方案进行认真的评价。

①信用成本前收益＝年赊销额－现金折扣－变动成本

＝年赊销净额－变动成本

②信用成本后收益＝信用成本前收益－信用成本

=信用成本前收益—机会成本—坏账损失—收账费用

3. 收账政策

收账政策，是指企业针对客户违反信用条件，拖欠甚至拒付账款所采取的收账策略与措施。

企业在向客户提供商业信用时，必须考虑三个问题：其一，客户是否会拖欠或拒付账款，程度如何；其二，如何最大限度地防止客户拖欠账款；其三，一旦账款遇到拖欠甚至拒付，企业应采取何种对策。前两个问题主要靠信用调查和严格的信用审批制度；第三个问题则必须通过制定完善的收账方针，采取有效的收账措施予以解决。

从理论上讲，履约付款是客户不容置疑的责任与义务，债权企业有权通过法律途径要求客户履约付款。但如果企业对所有客户拖欠或拒付的行为均付诸法律解决，往往并不是最有效的办法，因为企业解决与客户账款纠纷的目的，主要不是争论谁是谁非，而在于如何最有成效地将账款收回。实际上，各个客户拖欠或拒付账款的原因是不尽相同的，许多信用品质良好的客户可能因为一些原因无法如期付款。此时，如果企业直接向法院起诉，不仅需要花费相当数额的诉讼费，而且除非法院裁定客户破产，否则效果往往也不很理想。所以，通过法院强行收回账款一般是企业不得已而为之的最后的办法。基于这种考虑，企业如果能够同客户商量个折中的方案，也许能够将大部分账款收回。

通常的步骤是：当账款被客户拖欠或拒付时，企业首先应当分析现有的信用标准及信用审批制度是否存在纰漏；然后重新对违约客户的资信等级进行调查、评价。将信用品质恶劣的客户从信用名单中删除，对其所拖欠的款项可先通过信函、电讯或者派员前往的方式进行催收，态度可以渐加强硬，并提出警告。当这些措施无效时，可考虑通过法院裁决。为了提高诉讼效果，可以与其他经常被该客户拖欠或拒付账款的企业联合向法院起诉，以增强该客户信用品质不佳的证据力。对于信用记录一向正常的客户，在去电、去函的基础上，不妨派人与客户直接进行协商，彼此沟通意见，达成谅解妥协，这样可以密切相互间的关系，有助于较为理想地解决账款拖欠问题，并且一旦将来彼此关系置换时，也有一个缓冲的余地。当然，如果双方无法取得谅解，也只能付诸法律进行最后的裁决。

除上述收账政策外，有些国家还兴起了一种新的收账代理业务，即企业可以委托收账代理机构催收账款。但由于委托手续费往往较高，许多企业，尤其是那些资财较小、经济效益差的企业很难采用。

企业对拖欠的应收账款，无论采用何种方式进行催收，都需付出一定的代价，即收账费用，如收款所花的邮电通讯费、派专人收款的差旅费和不得已时的法律诉讼费等。通常企业为了扩大销售，增强竞争能力，往往对客户的逾期未付款项规定一个允许的拖欠期限，超过规定的期限，企业就应采取各种形式进行催收。如果企业制定的收款政策过宽，会导致逾期未付款项的客户拖延时间更长，对企业不利；收账政策过严，催收过急，又可能伤害无意拖欠的客户，影响企业未来的销售和利润。因此，企业在制定收账政策时，要掌握好宽严界限。

一般而言，企业加强收账管理，及早收回货款，可以减少坏账损失，减少应收账款上的资金占用，但会增加收账费用。因此，制定收账政策就是要在增加收账费用与减少坏账损失、减少应收账款机会成本之间进行权衡，若前者小于后者，则说明制定的收账政策是可取的。

影响企业信用标准、信用条件及收账政策的因素很多，如销售额、赊销期限、收账期限、现金折扣、坏账损失、过剩生产能力、信用部门成本、机会成本、存货投资等的变化。这就使得信用政策的制定更为复杂。一般来说，理想的信用政策就是企业采取或松或紧的信用政策时所带来的收益最大的政策。

(三) 应收账款的管理

对于已经发生的应收账款，企业还应进一步强化日常管理工作，采取有力的措施进行分析、控制，及时发现问题，提前采取对策。这些措施主要包括应收账款追踪分析、应收账款账龄分析、应收账款收现率分析和建立应收账款坏账准备制度。

1. 应收账款追踪分析

应收账款一旦为客户所欠，赊销企业就必须考虑如何按期足额收回的问题。要达到这一目的，赊销企业就有必要在收账之前，对该项应收账款的运行过程进行追踪分析。既然应收账款是存货变现过程的中间环节，对应收账款实施追踪分析的重点就应放在赊销商品的销售和变现方面。客户以赊购方式购入商品后，迫于获利和付款信誉的动力与压力，必然期望迅速地实现销售并收回账款。如果这一期望能够顺利地实现，而客户又具有良好的信用品质，那么赊销企业如期足额地收回客户欠款一般不会有多大问题。然而，市场供求所具有的瞬变性，使得客户所赊购的商品不能顺利销售与变现，经常出现的情况有两种：积压或赊销。但无论属于其中的哪种情形，对客户而言，都意味着与应付账款相对的现金支付能力匮乏。在这种情况下，客户能否严格履行赊销企业的信用条件，取决于两个因素：其一，客户的信用品质；其二，客户现金的持有量与调剂程度（如现金用途的约束性、其他短期债务的偿还对现金的要求等）。如果客户的信用品质良好，持有确定的现金余额，且现金支付的约束性较小，可调剂程度较大，客户大都是不愿以损失市场信誉为代价而拖欠赊销企业账款的。若客户信用品质不佳，或现金匮乏，或现金的可调剂程度低下，则赊销企业的账款被拖欠也就在所难免。

2. 应收账款账龄分析

企业已发生的应收账款时间长短不一，有的尚未超过信用期，有的则已逾期拖欠。一般来讲，逾期拖欠时间越长，账款催收的难度越大，成为坏账的可能性也就越高。因此，进行账龄分析，密切注意应收账款的回收情况，是提高应收账款收现效率的重要环节。应收账款账龄分析就是考察研究应收账款的账龄结构。所谓应收账款的账龄结构，是指各账龄应收账款的余额占应收账款总计余额的比重。

通过应收账款账龄分析，不仅能提示财务管理人员应把过期款项视为工作重点，而且有助于促进企业进一步研究与制定新的信用政策。

3. 建立应收账款坏账准备制度

无论企业采取如何严格的信用政策，只要存在商业信用行为，坏账损失的发生总是不可避免的。一般来说，确定坏账损失的标准主要有两条：

第一，因债务人破产或死亡，以其破产财产或遗产清偿后，仍不能收回应收账款；

第二，债务人逾期未履行偿债义务，且有明显特征表明无法收回。

企业的应收账款只要符合上述任何一个条件，均可作为坏账损失处理。需要注意的是，当企业的应收账款按照第二个条件已经作为损失处理后，并非意味着企业放弃了对该应收账款的索取权。实际上，企业仍然拥有继续收款的法定权利，企业与欠款人之间的债权债务关系不会因为企业已作坏账处理而解除。

由于应收账款的坏账损失无法避免，所以，遵循谨慎性原则，对坏账损失的可能性预先进行估计，并建立弥补坏账损失的准备制度，即提取坏账准备金就显得极为必要。

4. ABC 分析法

ABC 分析法是现代经济管理中广泛应用的一种"抓重点、照顾一般"的管理方法，又称重点管理法。它将企业的所有欠款客户按其金额的多少进行分类排队，然后分别采用不同的收账策略的一种方法。它一方面能加快应收账款收回，另一方面能将收账费用与预期收益联系起来。

四、存货的管理

存货，是指企业在日常活动中持有以备出售的产成品或商品、处在生产过程中的在产品、在生产过程或提供劳务过程中耗用的材料和物料等。

在企业的流动资产中，存货所占比重较大，存货的数量、质量及存货运用状况，对企业财务状况和经营成果都有很大影响。为保证企业生产和销售的顺利进行，加工、制造等企业都必须储存一定数量的商品材料的存货。同时，为了避免存货投资过大导致存货成本增加，或者出现存货短缺造成生产经营中断，影响企业的盈利能力，必须认真加强对存货的规划和控制。为此，如何使存货既保证销售、生产的需要，而又能使资金占用得到最合理的安排，就成为管理会计研究的一项重要课题。

(一)存货的分类与功能

1. 存货的分类

(1) 按照存货的经济内容分

存货可分为商品、产成品、自制半成品、在产品、材料、包装物、低值易耗品。

(2) 按照存货的存放地点分

存货可分为库存存货、在途存货、在制存货、寄存存货、委托外单位代销存货。

(3) 按照存货的取得来源分

存货可分为外购的存货、自制的存货、委托加工的存货、投资者投入的存货、接受捐赠的存货、接受抵债取得的存货、非货币性交易换入的存货和盘盈的存货等。

2. 存货的功能

(1) 防止停工待料

适量的原材料存货和在制品、半成品存货是企业生产正常进行的前提和保障。就企业外部而言，供货方的生产和销售往往会因某些原因而暂停或推迟，从而影响企业材料的及时采购、入库和投产。就企业内部而言，有适量的半成品储备，能使各个生产环节的生产调度更加合理，各生产工序步调更为协调，联系更为紧密，不至于因等待半成品而影响生产。可见，适量的存货能有效防止停工待料事件发生，维持生产的连续性。

(2) 适应市场变化

存货储备能增强企业在生产和销售方面的机动性以及适应市场变化的能力。企业有了足够的库存产成品，就能有效供应市场，满足顾客的需要。相反，如果一些畅销产品库存不足，将会坐失目前的或未来的推销良机，并有可能因此而失去顾客。在通货膨胀时期，适当地储存原材料存货，能使企业获得因市场物价上涨而带来的好处。

(3) 降低进货成本

很多企业为扩大销售规模，对购货方提供较优厚的商业折扣待遇，即购货达到一定数量时，便在价格上给予相应的折扣优惠。企业采取批量集中进货，可获得较多的商业折扣。此外，通过增加批次购货数量，减少购货次数，可以降低采购费用支出。即便在推崇以零存货为管理目标的今天，仍有不少企业采取大批量进货的方式，原因就在于这种方式有助于降低购货成本，只要购货成本的降低额大于因存货增加而导致的储存等各项费用的增加额，便是可行的。

(4) 维持均衡生产

对于那些所生产产品属于季节性产品，生产所需材料的供应具有季节性的企业来说，为实行均衡生产，降低生产成本，就必须适当储备一定的半成品存货或保持一定的原材料存货。否则，这些企业若按照季节变动组织生产活动，难免会产生忙时超负荷运转，闲时生产能力得不到充分利用的情形，这也会导致生产成本的提高。其他企业在生产过程中，同样会因为各种原因导致生产水平的高低变化，拥有合理的存货可以缓冲这种变化对企业生产活动及获利能力的影响。

(二) 存货的成本

企业合理的存货量应既能满足销售或生产的需要，又能满足存货总成本最低的要求。而合理的存货量又取决于企业是否能确定一个合理的经济订货批量。在介绍经济订货批量之前，需要先了解相关的成本概念。

企业保持一定数量的存货，就必然会付出一定的代价，即存货成本。存货成本一般包括取得成本、储存成本和缺货成本三项。

1. 取得成本

存货的取得成本是指取得某种存货而发生的成本费用。主要由存货的购置成本和订货费用两个方面构成。

购置成本又称采购成本，是每次采购进货所支付的款项，一般包括买价和运杂费等。购置成本一般与采购数量成正比例变化，它等于采购数量与单价的乘积。在一定时期进货总量既定的情况下，无论企业采购次数如何变化，存货的购置成本通常是保持相对稳定的(假设物价不变且无数量折扣)，因而属于决策的无关成本。企业在采购过程中，应货比三家，争取采购到质量好、价格低的材料物资，以降低采购成本。

订货费用又称订货成本，是指企业为组织订货而支付的费用。其中一部分与订货次数有关，如差旅费、邮资、电报电话费等与订货次数成正比例，这类变动性订货费用属于决策的相关成本；另一部分与订货次数无关，如专设采购机构的基本开支等，这类固定性订货费用则属于决策的无关成本。

2. 储存成本

储存成本是指在存货储存过程中所发生的各种仓储费、占用利息、搬运费、保险费、租赁费等。

储存成本可以按照与储存数额的关系划分为变动成本和固定成本两类。

变动成本是指那些随着存货数量的增减成正比例变动的支出，如存货占用资金的应计利息、霉烂变质费用、仓储保险费用等，这类成本的高低，取决于存货的数量，平均库存量越多，变动成本也就越高，属于决策的相关成本；而固定成本与存货数量的多少没有直接的联系，如仓库折旧费、保管人员的固定月工资等，这类成本属于决策的无关成本。

3. 缺货成本

缺货成本是因存货供应中断而给企业造成的损失，包括由于材料供应中断造成的停工损失、产成品供应中断导致延误发货的信誉损失及丧失销售机会的损失（还应包括需要主观估计的商誉损失）等。如果生产能够以替代材料解决库存材料供应中断之急的话，缺货成本便表现为替代材料紧急采购的额外开支。缺货成本能否作为决策的相关成本，应视企业是否允许出现存货短缺的不同情形而定。若允许缺货，则缺货成本便与存货数量反向相关，即属于决策相关成本；反之，若企业不允许发生缺货情形，则缺货成本为零，也就无须考虑。

（三）存货的控制方法

1. ABC 分类法

对于任何一个大型公司来说，往往有成千上万种的存货品种，在这些存货中，有的价值昂贵，有的则较低廉；有的数量庞大，有的则寥寥无几。在日常的存货管理中，如果不加以分类，都进行周密计划、严格控制，工作量太大，不符合成本效益原则和重要性原则，ABC 分类控制法确能解决这一问题。

ABC 分类控制法是意大利经济学家巴雷特于 19 世纪发明的，以后经过不断发展和完善，现已广泛用于存货控制和生产成本管理。所谓 ABC 分类控制法就是按照一定的标准，将企业的存货划分为 A、B、C 三类，分别实行分品种重点管理、分类别一般控制和按总额灵活掌握的存货管理方法。ABC 分类控制法是一种突出重点、兼顾一般的存货控制方法。

ABC 分类控制法的关键是将存货分为 A、B、C 三类。其分类的标准有两个：一是金额标准；二是品种数量标准。其中金额标准是最基本的分类标准，品种数量标准仅作为参考标准。A 类存货价值高，品种数量少；B 类存货价值一般，品种数量相对多；C 类存货品种数量多，但价值低。三类存货所占金额比重大致为 A：B：C = 0.7：0.2：0.1，对各类存货实行不同的控制方法。

(1) 对 A 类存货的控制

A 类存货的品种数量占全部存货品种数量的 10% 左右，但其占用的资金约为全部存货占用资金的 70%。对这类存货应列作存货控制的重点。由于该类存货占用资金较大，要求采用科学的方法来确定该类存货的经济订货量、订货时间等项指标，以保持合理的存货水平，使 A 类存货既能保证生产供应，又不过多地占用资金。

(2) 对 B 类存货的控制

B 类存货的品种、数量约占全部存货品种数量的 20% 左右，占用的资金约为全部存货所占用资金的 20%。对于这类存货，在订货数量和订货时间等方面应加强控制。可按类别确定其订货数量和储备定额等项指标。

(3) 对 C 类存货的控制

C 类存货品种数量约占全部存货的品种数量的 70% 左右，占用的资金约为全部存货的 10%。对于这类存货可按不同情况采取不同的管理办法。对需求影响不大、容易采购的品种，可少储备，根据需要适时采购；对规格复杂、需求少、价格低的品种，可根据实际情况适当加大采购量。

实施 ABC 分类控制法一般包括下列四个步骤：

第一步，根据每种存货在一定期间内的耗用量乘其价格，计算出该种存货的资金耗用总额；

第二步，计算出每种存货资金耗用总额占全部存货资金耗用总额的百分比，并按其大小顺序排列；

第三步，根据事先测定好的标准，把各项存货分为 A、B、C 三类，并用直角坐标图显示出来；

第四步，对 A 类存货采取重点控制，对 B 类存货采取次重点控制，对 C 类存货采取一般性的控制。

2. 经济订货批量模型

企业在确定了年度计划采购总量后，还要确定每次合理的订货批量，以防止盲目采购造成损失。合理的订货批量也就是经济订货批量，是指能够使一定时期存货的总成本达到最低点的订货数量。通过上述对存货成本分析可知，决定存货经济订货批量的成本因素主要包括变动性订货费用（简称订货费用）、变动性储存成本（简称储存成本）以及允许缺货时的缺货成本。不同的成本项目与订货批量呈现着不同的变动关系。减少订货批量，增加订货次数，在降低储存成本的同时，也会导致订货费用与缺货成本的提高；相反，增加订货批量，减少订货次数，尽管有利于降低订货费用与缺货成本，但同时会影响储存成本的提高。因此，如何协调各项成本费用间的关系，使其总和保持最低水平，是企业组织进货时需解决的主要问题。

以下分别就不允许缺货且无数量折扣情况下、不允许缺货但有数量折扣情况下如何确定经济订货批量做介绍。

(1) 不允许缺货且无数量折扣情况下经济进货批量的确定

不允许缺货且无数量折扣情况下确定的订货批量，也就是基本经济订货批量。因为与存货总成本有关的变量很多，为了解决比较复杂的问题，有必要简化或舍弃一些因素，先研究解决基本的问题。基本经济订货批量模式的确定，是以如下假设为前提的：

①企业一定时期的订货总量可以较为准确地加以预测。

②存货的耗用或者销售比较均衡。

③存货的价格稳定，且不存在数量折扣，订货日期由企业自行决定，并且企业能够及时补充存货，即需要订货时便能立即取得存货，并能集中到货。

④储存条件及所需资金不受限制，不会因为现金短缺而影响进货。

⑤不允许出现缺货，即无缺货成本。

⑥所需存货市场供应充足，不会因买不到所需存货而影响其他方面。

由于假设每当存货数量降至零时，下一批订货便会随即全部购入，故不存在缺货成本。此时与存货订购批量、批次直接相关的就只有订货费用和储存成本两项。这样，订货费用与储存成本总和最低水平下的订货批量，就是经济订货批量。其计算公式为：

$$经济订货批量(Q^*) = \sqrt{\frac{2AB}{C}}$$

经济订货批量的存货总成本 $(TC) = \sqrt{2ABC}$

经济订货批量的平均占用资金 $(W) = Q \times \dfrac{P}{2}$

年度最佳订货批次 $(N) = \dfrac{A}{Q^*}$

财务管理与会计实践研究

式中：Q^*——经济订货批量；A——某种存货年度计划订货总量；B——平均每次订货费用；C——单位存货年度储存成本；P——单位采购成本。

但在实际工作中，通常还存在着数量优惠（即商业折扣或称价格折扣）以及允许一定程度的缺货等情形，企业必须同时结合价格折扣及缺货成本等不同的情况具体分析，灵活运用经济订货批量基本模式。

(2) 不允许缺货但有数量折扣情况下经济订货批量的确定

不允许缺货但有数量折扣情况下的经济订货批量，就是实行数量折扣的经济订货批量模式。为了鼓励客户购买更多的商品，销售企业通常会给予不同程度的价格优惠，即实行数量折扣或称价格折扣。购买越多，所获得的价格优惠越多。此时，订货企业对经济订货批量的确定，除了考虑订货费用与储存成本外，还应考虑存货的购置成本，因为此时的存货购置成本已经与订货数量的多少有了直接的联系，属于决策的相关成本。

计算的基本步骤为：首先按照基本模式确定出无数量折扣情况下的经济订货批量及其总成本，然后加进不同批量的定价成本差异因素，并通过比较，确定出成本总额最低的订货批量。

第三章 统计学基本理论

第一节 统计学的发展和定义

一、统计学的发展

统计实践活动先于统计学的产生。从历史上看,统计实践活动自人类社会初期,即还没有文字的原始社会起就有了。最初的统计是社会统计,只是反映社会基本情况的简单的计数工作。在原始社会,人仍按氏族、部落居住在一起打猎、捕鱼,分配食物时就要算算有多少人、多少食物才能进行分配。所以,从结绳记事开始,就有了对自然社会现象的简单的计量活动,有了统计的萌芽。人类的统计活动,尤其是调查和整理社会经济总和现象数据的活动,有着悠久的历史。据统计史专家考证,关于人口、土地数字的搜集和整理活动,在中国可以上溯到殷、周时代,在外国可以追及古埃及、古希腊和古罗马时期。然而,由统计实务上升到理论和系统的方法的研究,最早也只能从17世纪算起。至今,统计学的发展大体上经历了三个阶段。[1]

从17世纪中叶到19世纪中叶,为统计学的初创阶段。具体地讲,可以把英国的威廉·配第于1672年写成的《政治算术》一书作为统计实务上升到理论和方法的标志,在书中他首次运用数字比较分析了英、法、荷三国的经济实力和造成这种实力差异的原因,用数字表述,用数字、重量和尺度来计量,并配以朴实的图表,正是现代统计学广为采用的方法和内容。或者说,初创阶段的统计学,始于"政治算术"这门有统计学之实,却无统计学之名的学问。马克思说威廉·配第在某种程度上也可以说是统计学的创始人。在此阶段,统计学主要用来描述和比较各个国家的综合国力及进行人口研究,从研究对象上说是实质而不是方法论,从方法上看经验研究多于理论研究,尚未进入系统的理论研究。

---
[1] 李建华,刘洋.统计学[M].北京:中国商务出版社,2018:3-11.

从 19 世纪中叶到 20 世纪 40 年代，为统计学发展的第二阶段——近代统计学阶段。1869 年，比利时的凯特勒发表了《社会物理学》等著作，把作为数学分支的概率论引入了统计研究，解决了客观总和现象在数量变化上的规律性问题，从而揭开了近代统计学发展的序幕。而后，统计理论和方法又取得了一系列进步，如高尔顿的回归理论，戈塞特的小样本理论，费希尔的 F 分布理论和方差分析方法，皮尔逊的区间估计方法等，都极大地推动了统计理论和方法的发展和应用，特别是在自然科学和工程技术中的应用。至此，统计学已经建立起系统的理论和方法，并且实现了由实质性科学向方法论科学的转变。

从 20 世纪 50 年代起，统计学进入了它的第三阶段——现代统计学阶段。这个阶段带有三个明显的特点：其一是统计理论和方法的应用有了广泛的发展，不仅在自然科学研究方面大量应用统计方法，就是社会和人文科学也越来越广泛地应用统计方法，特别是在经济和工商管理领域尤为如此；其二是进一步开发出一系列新的统计方法，如统计预测的新方法、多元统计方法和探索性数据分析等；其三是统计研究与电子计算机应用密切结合，开发了一系列功能较为齐全、数据处理能力较强的统计专用软件，使得检索和处理大规模数据，以便从中导出对决策有用的信息成为可能，数据挖掘技术从新的视角促进了现代统计学的发展。这三个特点也是相互联系的。

此时，统计学的应用也扩展到自然科学、工程技术、心理学、经济和企业管理、社会学、人口学乃至语言文学等各个学科领域，极大地推动了这些学科的发展。反过来，统计学在各个实质性学科的应用又促进了统计理论和方法的发展。这既指一般统计理论和方法的进步，又指适用于专门领域的统计方法的开发。其中，计算机的应用使得现代统计方法的应用有了计算手段的保障，同时又为新的统计方法奠定了基础。

二、统计学的定义

现在，随着统计方法在各个领域的应用，统计学已发展成为具有多个分支学科的大家族，因此，要给统计学下一个普遍被接受的定义是十分困难的。在本书中，我们对统计学做如下解释：统计学是一门收集、整理和分析统计数据的方法论科学，其目的是探索数据的内在数量特征和数量规律性，以达到对客观事物的科学认识。

统计数据的收集是取得统计数据的过程，是进行统计分析的基础。如何取得准确、可靠的统计数据是统计学研究的内容之一。

统计数据的整理是对统计数据的加工处理过程，目的是使统计数据系统化、条理化，符合统计分析的需要。数据整理是数据收集与数据分析之间的一个必要环节。

统计数据的分析是统计学的核心内容，是通过统计描述和统计推断的方法探索数据内在规律的过程。

可见，统计学是一门有关统计数据的科学，统计学与统计数据有着密不可分的关系。在英文中，"statistics"一词有两个含义：当它以单数名词出现时，表示作为一门学科的"统计学"；当它以复数名词出现时，表示"统计数据"或"统计资料"。从中可以看出，统计学与统计数据之间有着密不可分的关系。统计学由一套收集和处理统计数据的方法所组成，这些方法来源于对统计数据的研究，目的也在于对统计数据进行研究。离开了统计数据，统计方法就失去了用武之地，统计学也就失去了它存在的意义；而统计数据如果不用统计方法加以分析也仅仅是一堆数据而已，得不出任何有益的结论。

第二节　统计学的研究对象和性质

一、统计学的研究对象及其特点

统计学的研究对象是指统计研究所要认识的客体。一般来说，统计学的研究对象是自然、社会客观现象总体的数量特征和数量关系，以及通过这些数量方面反映出来的客观现象发展变化的规律性。正是因为统计学这一研究的特殊性，使它成为一门学科。[1]

统计学的研究对象具有以下特点：

（一）数量性

客观现象的规律有着质和量两个方面的表现，根据质和量的辩证统一，

[1] 周明，张丽颖. 统计学 [M]. 上海：上海交通大学出版社，2017：1-4.

研究现象的数量特征,从数量上认识现象的性质和规律性,这是统计研究的基本特点。统计运用科学方法搜集、整理、分析反映现象特征的数据,并通过统计指标反映现象的规模、水平、比例、速率及其变动规律。认识现象的数量关系,是深入研究现象质的表现的前提和基础。数量关系指各种平衡关系、比例关系和依存关系,如总供给与总需求的平衡关系、各产业间的比例关系、消费与收入之间的依存关系等。客观现象往往具有复杂性的特点,现象之间具有多方面的联系。在研究现象的数量方面时,我们必须把握现象的全貌,反映现象发展变化的过程,必须紧密联系现象的具体内容和本质特征,这是统计学与数学的一个重要区别。例如,一个国家的人口数量、结构和分布,国民经济的规模、发展速度,人们的生活水平等,都是反映基本国情和基本国力的基本指标,通过这样的一系列指标才能对整个国家有一个客观清晰的认识。

(二) 总体性

统计研究的对象总是由大量同类事物构成的总体现象的数量特征。个别和单个事物的数量表现是可以直接获取的,一般不需运用统计研究方法。例如,要了解某名工人的工作情况,查一查生产记录就可以了,可如果要了解全体工人产量的分布、差异和一般水平等,就要用统计方法来进行计算和分析。统计对总体现象的数量特征进行研究时,是通过对组成总体的个别事物量的认识来实现的。例如,在人口普查中,我们通过对每一户家庭的人口状况进行调查,根据所取得的资料,编制人口总数、人口结构(性别、年龄、民族、职业等结构)、人口分布、人口出生率、人口死亡率等指标来反映一个国家或一个地区的人口总体状况。个别事物有很大的偶然性,大量事物具有共性,统计学正是要从大量的客观事物中找出其共性,即规律性。从对个体数量特征的观测入手,运用科学的统计方法获得反映总体一般特征的综合数量,这是统计学的又一基本特点。

(三) 具体性

统计研究对象是自然、社会经济领域中具体现象的数量方面,即它不是纯数量的研究,而是具有明确的现实含义的,这一特点是统计学与数学的分水岭。数学是研究事物的抽象空间和抽象数量的科学，而统计学研究的数量是客观存在的、具体实在的数量表现。统计研究对象的这一特点，也正是统计工作必须遵循的基本原则。正因为统计的数量是客观存在的、具体实在的数量表现，它才能独立于客观世界，不以人们的主观意志为转移。统计资料作为主观对客观的反映，只有如实地反映具体的已经发生的客观事实，才能为我们进行统计分析研究提供可靠的基础，才能分析、探索和掌握事物的统计规律性。相反地，虚假的统计数据资料是不能成为统计数据资料的，因为它违背了统计研究对象的这一特点。

(四) 变异性

变异性是指组成研究对象的各个单位在特征表现上存在差异，并且这些差异是不可以按已知条件事先推断的。例如，研究某地区大学生的消费行为，每个学生的家庭收入、消费偏好都有差异，消费品的市场价格也不稳定，这时就需要研究大学生的平均消费、家庭平均收入、消费偏好和消费品的市场价格等因素。如果每个大学生不存在这些差异，我们只要调查一个学生相关消费行为，就可以知道整个地区的大学生消费行为，这时也就不需要做统计了。正是因为研究对象的各单位存在差异性，统计方法才有了用武之地。

二、统计学的研究方法

统计学根据研究对象的性质和特点，形成了它自己专门的研究方法，这些基本方法是：实验设计法、大量观察法、统计描述法和统计推断法。

(一) 实验设计法

实验设计法就是指设计实验的合理程序，使得收集得到的数据符合统计分析方法的要求，以便得出有效的、客观的结论。它主要适用于自然科学研究和工程技术领域的统计数据搜集。

(二) 大量观察法

大量观察法是统计学所特有的方法，是指对所研究的事物的全部或部分进行观察的方法。社会现象或自然现象都受各种社会规律或自然规律相互交错作用的影响。在现象总体中，个别单位往往受偶然因素的影响，如果任选其中之一进行观察，其结果不足以代表总体的一般特征；只有观察全部或足够的单位并加以综合，影响个别单位的偶然因素才会相互抵消，现象的一般特征才能显示出来。大量观察的意义在于可使个体与总体之间在数量上的差异相互抵消。

(三) 统计描述法

统计描述法是指通过对实验或调查得到的数据进行登记、审核、整理、归类、计算，得出各种能反映总体数量特征的综合指标，并加以分析，从中抽出有用的信息，用表格或图形把它表示出来。统计描述是统计研究的基础，它为统计推断、统计咨询、统计决策提供必要的事实依据。统计描述也是对客观事物认识的不断深化过程。它通过对分散无序的原始资料的整理归纳和分析得到现象总体的数量特征，揭露客观事物内在数量规律性，达到认识客观现象的目的。

(四) 统计推断法

统计学在研究现象的总体数量关系时，需要了解的总体对象的范围往往是很大的，有时甚至是无限的，而由于经费、时间和精力等各种原因，以至于有时在客观上只能从中观察部分单位或有限单位进行计算和分析，根据局部观察结果来推断总体。在一定置信程度下，根据样本资料的特征，对总体的特征做出估计和预测的方法称为统计推断法。统计推断法是现代统计学的基本方法，在统计研究中得到了极为广泛的应用，它既可以用于对总体参数的估计，也可以用于对总体某些分布特征的假设检验。从这种意义上来说，统计学是在不确定条件下做出决策或推断的一种方法。

三、统计学的性质

根据统计学前面的定义，我们很容易知道统计学的性质：统计学是一门认识方法论科学，具体来说，它是研究如何搜集数据、整理数据并分析数据，以便从中做出正确推断的认识方法论科学。

之所以统计学具有这样的性质，是因为：首先，统计学是为了揭示客观事物的规律性；其次，为了达到这个目的，需要各种统计方法来认识事物的真面目。因此，统计学是认识客观事物的方法论科学。

统计学和数学都是研究数量关系的科学，它们之间既有联系又有区别。一方面，数学以抽象的概念和方法研究各种数量关系和空间形式，而统计学则是对客观现象在质和量的相互联系中研究其数量方面，揭示其数量变动的规律性，这是它们之间的本质区别。另一方面，数学又为统计学提供大量的计算分析方法，尤其是数理统计，不仅用于研究社会经济现象，也可用于研究自然技术现象。工业产品、农副产品的抽样调查、生产过程的检验和控制等就是数理统计方法在社会经济领域中的应用。

统计学在研究客观现象的数量特征和数量关系时，必然要以相关的科学的基本理论和基本知识为指导，如经济学、社会学、物理学、生物学、心理学等。而且，统计学的基本理论在各个领域中的应用形成了各种专门统计学，如经济统计学、人口统计学、科技统计学、金融统计学、经营统计学、心理统计学等。统计学与相关科学的结合同时也促进了统计理论和方法的发展。

第三节　统计学的分类

目前，统计方法已被应用到自然科学和社会科学的众多领域，统计学也已发展成为由若干分支学科组成的学科体系。根据统计方法的构成，可将统计学分为描述统计学和推断统计学；根据统计方法研究和应用，可将统计学分为理论统计学和应用统计学。[①]

一、描述统计学和推断统计学

描述统计学研究如何取得反映客观现象的数据，并通过图表形式对所收集的数据进行加工处理和显示，进而通过综合、概括和分析得出反映客观现象的规律性数量特征。其内容包括统计数据的收集方法、数据的加工处理

---
① 林则宏等.统计学[M].上海：上海交通大学出版社，2017：7-9.

方法、数据的显示方法、数据分布特征的概括与分析方法等。

推断统计学则是研究如何根据样本数据去推断总体数量特征的方法，它是在对样本数据进行描述的基础上，对统计总体的未知数量特征做出以概率形式表述的推断。

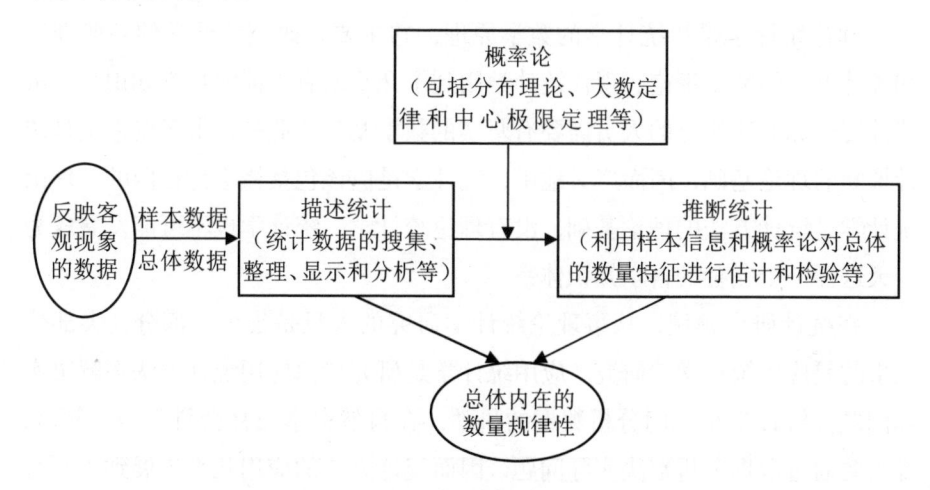

图 3-1　统计学探索客观现象数量规律性的过程

描述统计学和推断统计学的划分，一方面反映了统计方法发展的前后两个阶段，另一方面也反映了应用统计方法探索客观事物数量规律性的不同过程。从图 3-1 我们可以看出，描述统计学和推断统计学在统计方法探索客观现象数量规律性中的地位。

由图 3-1 可以看到，统计研究过程的起点是统计数据，终点是探索出客观现象内在的数量规律性。在这一过程中，如果收集到的是总体数据（如普查数据），那么经过描述统计之后就可以达到认识总体数量规律性的目的；如果所获得的只是研究总体的一部分数据（样本数据），那么要找到总体的数量规律性，就必须应用概率论的理论并根据样本信息对总体进行科学的推断。显然，描述统计和推断统计是统计方法的两个组成部分。描述统计是整个统计学的基础，推断统计则是现代统计学的主要内容。在对现实问题的研究中，由于我们所获得的数据主要是样本数据，因而推断统计在现代统计学中的地位和作用越来越重要，已成为统计学的核心内容。当然，这并不等于说描述统计不重要，没有描述统计搜集可靠的统计数据并提供有效的样本信息，即使再科学的统计推断方法也难以得出准确的结论。从描述统计学发展到推断统计学，反映了统计学发展的巨大成就，也是统计学发展成熟的重要标志。

二、理论统计学和应用统计学

理论统计学是指统计学的数学原理，它主要是研究统计学的一般理论和统计方法的数学理论。现代统计学用到了几乎所有方面的数学知识，从事统计理论和方法研究的人员需要有坚实的数学基础。此外，由于概率论是统计推断的理论基础，因而广义地讲，统计学是应该包括概率论在内的。理论统计学是统计方法的理论基础，没有理论统计学，统计学也不可能发展成为今天这样一个完善的科学知识体系。

在统计研究领域，从事理论统计学研究的人只是很少一部分，大部分从事的是应用统计学的研究。应用统计学是研究如何应用统计方法去解决实际问题。统计学是一门分析数据的科学，在自然科学及社会科学研究领域，都需要通过数据分析解决实际问题，因而统计方法的应用几乎扩展到了所有科学研究领域。例如，统计方法在生物学中的应用形成了生物统计学；在医学中的应用形成了医疗卫生统计学；在农业试验、育种等方面的应用形成了农业统计学。统计方法在经济和社会科学研究领域的应用也形成了若干分支学科。例如，统计方法在经济管理中的应用形成了经济管理统计学；在社会学研究和社会管理中的应用形成了社会统计学；在人口学中的应用形成了人口统计学；等等。以上这些应用统计学的不同分支所应用的基本统计方法都是一样的，即描述统计和推断统计的主要方法。但由于各应用领域都有其特殊性，统计方法在应用中又形成了一些不同的特点。

第四节 统计学的基本概念

一、总体、总体单位和样本

（一）总体和总体单位

总体，亦称统计总体，就是根据一定目的确定的所要研究对象的全体，它是由客观存在的、具有某种共同性质的许多个别单位构成的整体。构成总体的这些个别单位就称为总体单位，我们可以把总体看成是集合，而单位则可以看成是集合中的元素。[①]

例如，研究某厂生产的一批日光灯的寿命，则该厂生产的这批日光灯组成总体，而这批产品中的每一只日光灯就是一个总体单位；研究某企业职工的年龄结构，则该企业所有职工组成总体，而该企业的每一名职工就是一个总体单位。

总体可以分为有限总体和无限总体。总体所包含的单位数是有限的，称为有限总体，如人口数、企业数、商店数等。总体所包含的单位数是无限的，称为无限总体，如连续生产的某种产品的生产数量、大海里的鱼资源数等。对有限总体可以进行全面调查，也可以进行非全面调查；但对无限总体只能抽取一部分单位进行非全面调查，据以推断总体。区分无限总体和有限总体的意义在于对不同的总体应分别采用不同的调查研究方式。

总体与总体单位是两个不同层次的概念，它们之间的关系具有相对性。随着研究目的的不同，总体和总体单位的关系可以发生变化。例如，要研究某高校各专业的办学情况，该高校的所有专业构成总体，而该校开办的每一个专业就是一个总体单位；如果要研究某地区高等学校的办学情况，该地区所有高等学校构成总体，而该地区的每一所高校就是一个总体单位。

(二) 样本

从总体中抽取的部分单位组成的集合体称为样本。抽取样本的目的，在于要用样本的数量特征来估计或推断总体的数量特征。对于无限总体，我们不可能对每一单位进行观察，即使是有限总体，由于其大量性的特点，要对所有单位进行观察，要花费大量的人力、物力、财力和时间，是十分不经济的事情。因此，一般情况下，我们都是通过样本来推断总体的特征。

既然抽样的目的是推断总体的特征，那么从总体中抽取样本时必须遵循随机原则，这样才能保证样本的代表性。例如，我们研究某厂生产的日光灯的寿命，随机抽取100只日光灯进行检验，则这100只日光灯就是一个样本。总体是统计研究的对象，样本作为总体的代表，也是统计研究的对象，

---

① 李青阳等. 统计学 [M]. 青岛：中国海洋大学出版社，2018：8-12.

因此样本也符合总体的概念，为了加以区别，通常将所要研究的事物全体构成的总体称为全及总体，而将样本单位组成的总体称为抽样总体。

抽取样本时要注意以下问题：

第一，从一个总体中可以抽取许多个不同的样本。根据研究目的的统计总体是唯一确定的，而样本却是随机的。从一个总体中抽取不同样本的数目的多少与样本单位数和抽样方式有关。例如，某校有 $N=10000$ 名学生，从该校学生中抽取 $n=100$ 名构成样本，按重复抽样方式其可能的样本数目为34。由此可见，从一个总体中抽取一定样本容量，样本的个数是非常多的。

第二，样本的代表性。抽样的目的是用样本的数量特征去推断总体的数量特征，因此，要求样本的指标与总体的指标的误差要小，即抽样误差小。抽样误差越小则样本的代表性越高。样本的代表性的高低与样本单位数、抽样方式和抽样的组织形式有关。提高样本的代表性，降低抽样误差，是抽取样本时要高度关注的问题。

第三，样本的客观性。抽取样本时，要遵循随机原则，排除主观因素的影响，保持取样的客观性，从而提高样本的代表性。

二、标志和指标

(一) 标志

1. 标志的定义

标志是用来说明总体单位属性或特征的名称。例如，在工业企业职工总体中，企业的每一个职工就是一个总体单位，说明职工属性特征的名称（如性别、年龄、文化程度、工龄、工资、收入等）就是标志。标志名称之后表示总体单位的具体属性或数值，称为标志表现（或标志值）。例如，汉族、广东分别是民族、籍贯的标志表现。

2. 标志的分类

(1) 标志按其特征的性质不同，分为品质标志和数量标志

反映总体单位属性的标志称为品质标志。例如，职工的民族、籍贯、性别都属于品质标志，只能用文字表示其属性。反映总体单位数量特征的标

志，称为数量标志。例如，职工的年龄、工龄、工资收入、企业的产值等都属于数量标志，只能用数值表示其数量特征。

(2) 标志按其表现情况不同，分为不变标志和可变标志

对于某一个标志来说，如果总体各单位具有相同的标志表现，那么该标志称为不变标志。在一个总体中至少具有一个不变标志，例如，某企业职工的工作单位是完全相同的，工作单位就是一个不变标志。在一个总体中，对于某一个标志来说，如果总体各单位具有不同的标志表现，那么该标志称为可变标志。例如，在男性人口总体中，性别是不变标志，而年龄、民族、籍贯等则是可变标志。又如，在全国私营企业总体中，企业所有制是不变标志，而职工人数、工资总额、注册资本、投资总额、利润等均是可变标志。不变标志是总体同质性的要求，所以总体各单位之间至少要有一个不变标志，才能将总体各单位结合在一起。

品质标志和数量标志是根据标志本身的性质决定的，它们之间是不能转变的；但不变标志和可变标志是由被研究的总体单位的特征的具体表现所决定的，因此，某个标志，在研究这个总体时，会确定为不变标志，而在研究另一个总体时，会确定为可变标志，它随研究对象的不同而变化。

可变的数量标志统计上通常称为变量，如某企业职工的年龄、工龄、工资额等。

(二) 指标

1. 指标的定义

指标也称统计指标，是说明总体的综合数量特征的范畴及具体数值。一项完整的统计指标应该由总体范围、时间、指标名称和指标数值等内容构成，它体现了事物质的规定性和量的规定性两个方面的特点。例如，经统计调查得知，某县乡办企业2018年固定资产原值为9.2亿元，这就是指标，是说明总体综合数量特征的，它包括总体范围(某县乡办企业)、时间(2018年)、指标名称(固定资产原值)、指标数值(9.2亿元)。

2. 指标的分类

(1) 指标按其数值表现形式不同，分为总量指标、相对指标和平均指标

总量指标是反映社会经济现象总规模或总水平下的统计指标，其表现

形式为绝对数。例如，一个国家的人口总数、土地面积、国民生产总值、工业总产值、工资总额、职工总数等都是总量指标。

相对指标是反映社会经济现象数量对比关系的统计指标，其表现形式为相对数。例如，某企业产值计划完成程度、产品合格率、产值增长速度等都是相对指标。

平均指标是反映社会经济现象数量一般水平下的统计指标，其表现形式为平均数。例如，平均工资、劳动生产率、平均单位成本等都是平均指标。

(2) 指标按其反映的数量特点不同，分为数量指标和质量指标

数量指标是反映现象总规模、总水平或工作总量的统计指标。

质量指标是反映现象强度、密度、工作质量和经济效果的统计指标，表明现象的对比关系，用相对数或平均数表示。从表现形式上看，相对指标和平均指标都属于质量指标。质量指标是从数量指标派生出来的，经常用于反映现象间的内在联系，评价工作质量，说明现象发展的规律性。

(3) 指标按其反映的时间状况不同，分为静态指标和动态指标

静态指标是反映现象在某一时点上的数量特征的统计指标。例如，企业职工人数、工业总产值、劳动生产率等都是静态指标。

动态指标是反映现象在不同时间上发展变化情况的统计指标。例如，工业增加值的增长量、发展速度、增长速度等都是动态指标。

(三) 标志和指标的关系

标志和指标，两者既有区别，又有联系。区别有以下四点：

第一，标志是说明总体单位特征的，而指标是说明总体数量特征的。

第二，指标都用数值表示，而标志中的品质标志不能用数值表示，只能用文字表示。

第三，指标数值是经过一定的汇总取得的，而标志中的数量标志不一定经过汇总，可直接取得。

第四，标志一般不具备时间、地点等条件，但作为一个完整的统计指标，一定要讲时间、地点、范围。

标志和指标的联系有以下两点：

第一，许多统计指标的数值是从总体单位的数量标志值汇总而来的，

第三章 统计学基本理论

既可指总体各单位标志量的总和，也可指总体单位数的总和。例如，某地区工业增加值指标是由该地区的每个工厂的工业增加值汇总而来的；某工业局职工人数指标是由该局各企业的职工人数汇总而来的。

第二，两者存在着一定的变换关系。这主要是指指标和数量标志之间存在着变换关系，即由于研究目的不同，原来的统计总体如果变成总体单位了，则相应的统计指标也就变成数量标志了（这时，指标名称变成标志，指标数值变成标志值或变量值）；反之亦然。例如，在研究某厂职工情况时，该厂的全部职工是总体，该厂的工资总额是统计指标；而在研究该厂所属的某工业局职工工资情况时，该厂就是总体单位，则该厂的工资总额是数量标志，具体的工资总额数值是标志值。于是，该厂的工资总额由统计指标相应变为数量标志了。

三、参数和统计量

参数也称总体参数，是反映全及总体数量特征的指标，即总体指标。统计量也称样本统计量，是反映抽样总体数量特征的指标，即样本指标。对于一个确定的总体，其总体参数是确定的数值，是常量。统计量就不同了，它是随机变量，随着抽取的样本不同可取不同的数值。

现将常见的总体参数和样本统计量所用的符号和基本计算公式列在表3-1中。

表3-1 常见的总体参数和样本统计量

总体参数	符号	计算公式	样本统计量	符号	计算公式
总体单位数	N	—	样本单位数	n	—
总体平均数	$\overline{X}$	$\overline{X}=\dfrac{X_1+X_2 \ldots X_N}{N}$	样本平均数	$\overline{x}$	$\overline{x}=\dfrac{x_1+x_2 \ldots x_N}{n}$
总体方差 σ^2		$\sigma^2=\dfrac{\sum(X_i-\overline{X})^2}{N}$	样本方差	s^2	$s^2=\dfrac{\sum(x_i-\overline{x})^2}{n-1}$
总体成数	P	$P=\dfrac{n}{N}$	样本成数	p	$p=\dfrac{n_1}{n}$

第四章　统计学应用之统计调查和统计数据收集整理

第一节　统计调查

一、统计调查概述

(一) 统计调查的含义

统计调查是根据统计研究的目的、要求和任务，运用各种科学的调查方式和方法，有目的、有计划、有组织地获取统计资料的工作过程。统计调查所获取的统计资料包括原始资料和次级资料。

1. 原始资料

原始资料是向调查单位获取的未经任何加工整理的反映个体单位特征的统计资料，它是统计实践活动所取得的第一手资料，又称初级资料。

原始资料通常是通过调查和实验获取的。通常，调查是对社会现象和经济现象而言的，如进行经济普查，被调查单位工业企业提供该企业的产品产量、职工人数、原材料消耗、利税额等，餐饮企业提供的营业额、利税额等，均是未经任何其他部门加工汇总的资料，是原始资料。实验大多是对自然现象而言的，如新药疗效的临床试验取得的资料，农业科技工作者实验了解水分、温度对农作物产量的影响等。实验作为获取统计资料的方法也被广泛地应用到社会科学研究中，心理学、教育学、经济学、管理学中也大量使用实验的方法获取研究资料。

2. 次级资料

次级资料是指已经经过加工整理，由个体过渡到总体，能够在一定程度上说明总体特征的统计资料，又称为间接资料或二手资料，如从统计公报、统计年鉴、信息机构以及报纸杂志上所获得的统计资料。

第四章 统计学应用之统计调查和统计数据收集整理

从获取的渠道看，次级资料可以取自系统内部，也可以取自系统外部。取自系统内部的资料主要包括业务资料，如与业务经营活动有关的各种数据、记录，经营活动过程中的各种报表，财务、会计核算资料等。取自系统外部的资料主要有统计部门和各级政府部门公布的有关资料，如定期发布的统计公报、定期出版的统计年鉴等。

相对而言，次级资料的获取比较容易，取得成本较低，因而在实际中得到广泛应用。但次级资料也有很大的局限性，使用时要保持谨慎的态度。

(二) 统计调查的要求

1. 准确性

准确性是指由统计工作收集的统计资料必须真实可靠，如实地反映所研究对象的客观实际，做到既不修饰也不渲染。这是保证统计数据质量的首要环节，是统计工作的使命。

2. 及时性

及时性是对统计工作的时间限制，包括完成调查任务和调查资料的及时上报等，即在统计调查所规定的时间内，按时调查、上报规定的各种统计资料。各项调查资料需要及时上报，这是最基本的要求，因为过时的资料落在了形势发展的后面，失去时效性，犹如"雨后送伞"起不到应有的作用。

3. 完整性

完整性是指统计调查取得的资料必须全面完整，不重复、不遗漏，将应该调查的单位及其调查项目的数据毫无遗漏地进行搜集。如果搜集的资料不完整，就不能全面、准确地反映被调查对象的情况，会给统计整理和统计分析带来困难，影响到整个统计工作的进度和质量。

4. 适应性要求

适应性要求主要是针对次级资料而言。次级资料是为了其他调查目的而形成的统计资料，若本次调查目的发生变化，所使用的次级资料是否能符合本次调查的目的，就要考虑其适应性，对于那些不适应或不能完全适应的数据，要进行剔除或调整，以使资料能够为本次调查所用。

统计工作的各个环节是紧密衔接、相互依存的。统计调查作为统计工作的基础环节在调查过程中所得到的原始资料，其质量直接影响最终成果的质量。如果在搜集原始资料时出现差错，又不能及时更正，那么以后无论怎样认真地整理这些资料，错误的数据都将影响最后结论的正确性和可靠性。

（三）统计调查的种类

1. 按调查对象包括的范围，分为全面调查和非全面调查

（1）全面调查

全面调查是对构成调查对象的全部单位进行无一遗漏的调查登记的一种统计调查方式，包括全面统计报表和普查。如为全面掌握全国人口的基本情况，每隔十年进行一次的人口普查，属于全面调查。

（2）非全面调查

非全面调查是对调查对象中的一部分单位进行调查登记的一种统计调查方式，包括非全面统计报表、抽样调查、重点调查和典型调查。如要了解城市职工的生活情况而对选出的一部分职工家庭进行的调查，要了解市场物价的变动情况而对选出的一部分商品进行的调查。

2. 按调查登记的时间是否连续，分为经常性调查和一次性调查

（1）经济性调查

经常性调查又称连续性调查，是指随着调查对象情况的变化，随时进行连续不断的登记的一种统计调查方式。如对工业企业增加值、产品产量、原材料消耗量等在观察期内连续登记，这些指标的数值变动很大，必须进行经常登记才能满足需要。

（2）一次性调查

一次性调查又称不连续调查，是指间隔一定时间，一般是相当长的时期进行的调查登记。如土地面积调查、每隔五年进行一次的经济普查、每隔十年进行一次的人口普查、机器设备台数登记等，这些调查对象的指标数值在一定时期内变动不大，不需要进行连续不断的登记，而只需要间隔一定的时间进行登记即可满足需要。

3. 按调查的组织形式，分为统计报表和专门调查[①]

（1）统计报表

统计报表是国家统计系统和专业部门为了定期取得系统、全面的统计

[①] 吴振荣. 统计学 [M]. 北京：北京理工大学出版社，2020.07：37-48.

资料而采用的一种搜集资料的方式。它是按照国家统一规定的调查要求和表格形式，自上而下统一布置、自下而上逐级提供统计资料的一种统计调查方式，目的在于获取反映国家政治、经济、文化等方面的基本统计资料，为进行宏观调控和各相关部门制定政策提供依据。

(2) 专门调查

专门调查是为了了解和研究某一特定现象或专门问题而专门组织的统计调查。如人口普查、经济普查、在校贫困大学生状况调查、高校教育质量调查等。专门调查包括普遍调查、抽样调查、重点调查和典型调查等方式。

4. 按搜集资料的方法不同，分为直接观察法、报告法、采访法、网络法和实验法

(1) 直接观察法

直接观察法是由调查人员亲自到现场对调查单位直接查看、测量和计量以取得统计资料的一种调查方法。例如，进行农作物产量调查，调查人员亲自参加抽选样本、收割、脱粒、称重等工作；为了解生猪存栏头数，调查人员亲临养猪场对生猪头数进行清点。直接观察法可以保证所搜集的资料具有较高的准确性，但这种方法需要花费较多的人力、物力和时间。

(2) 报告法

报告法是指由基层单位以各种原始记录、统计台账和核算资料为基础，按有关规定和隶属关系逐级向上提供统计资料的一种调查方法。我国各地区、各部门、各单位所采用的统计报表，就是采用报告法取得资料。

(3) 采访法

采访法是由调查人员向被调查者提问，根据被调查者的答复取得调查资料的一种调查方法。它又分为个别访谈法、开调查会法、邮寄调查法和计算机辅助调查法。

个别访谈法就是调查者通过与被调查者直接交谈或逐一询问，从而获取统计资料的调查方法。这种调查方法通过与被调查者接触，能够控制调查过程，获得比较可靠的调查资料。

开调查会法是调查人员有计划地邀请一部分被调查者集中到调查现场，通过座谈、讨论的方式获得统计资料的调查方法。

邮寄调查法是通过邮寄或宣传媒体等方式将调查表或问卷送至被调查

者手中，由被调查者填写，然后将填写好的调查表或问卷寄回或投放到指定地点的一种搜集统计资料的调查方法。

计算机辅助调查法即计算机辅助电话访问，它是由电话、计算机、访问员三种资源组成的访问系统，使用一份按计算机设计方法设计的问卷，用电话向被调查者进行询问，以获取统计资料的一种调查方法。这种调查方法的优点是资料的准确度高，获取的速度快；缺点是花费较高，且对访问员的计算机操作技能要求较高。

(4) 网络法

网络法是调查人员利用互联网与被调查者进行交流，从而获得统计资料的一种调查方法。网络法可以将调查表或问卷直接放在网站上，在规定的时间内由被调查者填写，也可以通过电子邮件方式将调查表或问卷发给被调查者，被调查者填写完成后再通过电子邮件回复。

(5) 实验法

实验法是指设置专门的现实场景，由调查人员在现场通过亲身体验、观察、访问获取统计资料的一种调查方法。在统计调查中，如通过设置一些场景调查职工的态度、行为等来获取有关资料；让消费者免费试用一些新产品，以得到消费者对新产品看法的资料。

二、统计调查方案

为了使统计调查按要求、目的顺利进行，在组织实施调查前，应该预先设计一个周详的调查方案。一般来说，统计调查方案包含以下几方面基本内容：明确调查目的、确定调查对象和调查单位、确定调查项目和设计调查表、确定调查时间、确定调查的方式和方法。[①]

(一) 明确调查目的

调查目的是调查所要达到的具体目标，它是任何一个统计调查方案首先要解决的问题。调查目的决定调查对象和调查内容，不同的调查目的需要不同的调查资料，不同的调查资料又有不同的搜集方法。如果调查目的不明确，就无法确定向谁调查、调查什么、怎样调查，结果可能是调查来的资料

---

① 陈丽佳，王国才，贺祥民. 统计学 [M]. 上海：上海交通大学出版社，2016：30-35.

第四章　统计学应用之统计调查和统计数据收集整理

不能满足需要，而需要了解的情况又得不到充分反映，既浪费人力、物力和时间，又耽误了整个统计工作。调查目的回答的是为什么调查、调查要解决什么样的问题、调查具有什么样的社会经济意义的问题。

对任何社会经济现象都可以从不同的目的出发进行研究。如对工业企业的研究，既可以从产品满足市场需求的角度进行研究，也可以从产品生产成本的角度进行研究，还可以从投资者利益的角度进行研究。可以看出，调查目的不同，调查的项目也就不同。

(二) 确定调查对象和调查单位

调查对象和调查单位需要根据目的来确定，目的越明确、越具体，调查对象和调查单位的确定也就越容易。

所谓调查对象，就是需要进行研究的总体范围，即调查总体。它是由许多性质相同的调查单位所组成的。确定调查对象，要明确总体的界限，划清调查的范围，以防在调查工作中出现重复或遗漏。

所谓调查单位，就是所要研究的总体单位，也即所要登记的标志的承担者。上述两例中，具有中华人民共和国国籍并在中华人民共和国境内常住的每个人和某省每一家外资企业都是调查单位。确定调查单位是一个比较复杂的问题，因为社会现象彼此之间相互联系且相互交错，所以在确定调查对象时，要把相近的一些现象划分清楚，区别应调查和不应调查的现象。在调查前应明确各概念所包含的范围。例如，要调查高科技企业，就要界定"高科技"的概念范畴，是以省级水平为标准还是以国家级水平为标准，或是以企业的高科技产品的比例为界限等。确定调查单位，有些是根据政府的规定，有些是根据通用的理论，还有些是根据实际情况，但不管是根据什么，在整个调查过程中应该统一标准，并且在调查报告形成时说明清楚。

实际工作中还应该注意，不要把调查单位和填报单位相混淆。调查单位是项目的承担者，而填报单位则是负责填写提交调查资料的单位。这两者有时是一致的，有时是不一致的。

(三) 确定调查项目和设计调查表

1. 确定调查项目

统计调查的具体内容称作调查项目，它是说明调查单位某种属性或特征的名称或概念，在统计上又称标志。确定调查项目，就是要解决向调查单位调查什么的问题。就所要调查的总体而言，确定调查项目应本着"少而精"的原则，把需要和可能相结合，即确定的调查项目应是需要并能够取得实际资料的项目，有些项目虽然需要但在实际中却难以取得资料，这样的项目不应被列入。

2. 设计调查表

调查表是将拟定的具体调查项目按一定的结构和顺序排列而形成的表格。调查表是调查方案的核心部分，是统计调查中搜集原始资料的基本工具。调查表的内容一般由表头、表体和表脚三部分组成。

(1) 表头

表头用来表明调查表的名称以及调查单位的名称、性质、隶属关系等，它在核实和复查各调查单位时是不可缺少的。

(2) 表体

这是调查表的主要部分，包括统计调查所要说明的社会经济现象的项目和这些项目的具体表现也即数字、计算单位等。

(3) 表脚

表脚包括调查者的签名和调查日期等，其目的是明确责任，一旦发现问题，便于查询。

调查表的形式一般有单一表和一览表两种。①单一表是每一张表上只登记一个调查单位的调查资料，它可以容纳较多的调查项目，可以得到更丰富、更详细的资料，适宜于较详细的统计调查。②一览表是在一张表上登记若干个调查单位的调查资料，它的调查项目不宜过多，这种表的使用节省人力、物力，而且一目了然。我国的人口普查表就是采用一览表的形式，在一张调查表上要填写全家每个成员的情况。

第四章 统计学应用之统计调查和统计数据收集整理

(四) 确定调查时间

1. 调查资料所属的时间

如果所调查的是时期现象,要明确规定调查对象的时间范围(起止时间);如果所要调查的是时点现象,就要明确规定统一的标准时点。例如,调查工业产品产量,就要明确是一个月还是一个季度或是一年的产品产量;进行人口普查,就要明确人口数具体是哪个时点上的数量。

2. 调查时限

调查时限即整个调查工作的期限,包括搜集资料及报送资料的整个工作所需要的时间。为了保证资料的及时性,对调查时限的规定要尽可能短。

(五) 确定调查的方式和方法

调查的方式和方法是指进行调查的组织方式和方法。这主要取决于调查的目的、内容和调查的对象。调查方法是指在调查中所采用的具体调查技术或技巧。

为了保证整个统计调查工作顺利进行,在调查方案中还应该有一个考虑周密的组织实施计划。其主要内容应包括:①调查工作的组织领导机构和调查人员的组成。②调查前的准备工作,包括宣传教育、干部培训、调查文件的准备等。③调查资料的提供方式。④调查经费的预算和开支办法。⑤提供或公布调查成果的时间。⑥调查方案的传达布置、试点及其他工作等。

三、统计调查形式

在我国,统计调查主要的组织形式有统计报表、普查、重点调查、典型调查、抽样调查等。

(一) 统计报表

1. 统计报表的概念

统计报表是按照国家统一规定的调查要求和表格形式,自上而下统一布置、自下而上逐级提供统计资料的一种统计调查方式。统计报表要以一定的原始记录为基础,按照统一的表式、指标、报送时间和报送程序进行填报,因而具有统一性、时效性、周期性、可靠性等特点。

在市场经济条件下,国家对国民经济仍然起着宏观调控的作用,经济政策的制定需要依靠统计报表来提供资料。因此,统计报表是国民经济管理的重要工具,是我国定期取得统计资料的主要调查方法。

统计报表的任务是经常地、定期地提供反映国民经济和社会发展基本情况的资料,为各级政府和有关部门制定国民经济与社会发展计划、方针政策及检查计划执行情况服务。

2. 统计报表的种类

(1) 按报表内容和实施范围不同,分为国家统计报表、部门统计报表和地方统计报表

①国家统计报表。国家统计报表也称国民经济基本统计报表,是根据国家统计调查项目和调查计划制定的统计报表,用于搜集全国性的经济和社会发展基本情况的统计资料。国家统计报表由国家统计局制发,在全国范围内实施。

②部门统计报表。部门统计报表也称专业统计报表,是根据有关部门统计调查项目和调查计划制定的统计报表,用于搜集本部门所需的统计资料。部门统计报表由各主管部门制发,为本部门或本系统的经营管理服务。

③地方统计报表。地方统计报表是根据有关地方统计调查项目制定的统计报表,主要是为本地区的管理服务。地方统计报表是由各地方编制,在本地区范围内使用。

(2) 按报送的周期长短不同,分为定期报表和年报

①定期报表。定期报表是定期反映阶段生产和经营情况的报表,以指导生产工作和积累有关统计资料。定期报表包括日报、旬报、月报、季报和半年报。一般来说,报送的周期越短,对资料时效性的要求就越强,填报的项目就越少;报送的周期越长,对资料时效性的要求就越弱,填报的项目就越多。

②年报。年报具有年末总结的性质,要求的内容更全面。内容包括各单位、各部门年度计划执行情况及全年经济活动的完整资料,通过它可以对各单位、各部门全年生产经营活动进行综合分析。

(3) 按填报单位不同,分为基层统计报表和综合统计报表

①基层统计报表。基层统计报表是由基层企事业单位填报,反映基层

企事业单位经营活动情况的报表。

②综合统计报表。综合统计报表是由主管部门或统计部门根据基层统计报表逐级汇总填报的统计报表。综合统计报表以基层统计报表为基础，广泛利用各业务部门的资料。

3.统计报表的资料来源

统计报表的资料来源于基层单位的原始记录、统计台账、内部报表。

(1)原始记录

原始记录是对基层单位生产经营活动的最初数字和文字记载，一般用表格形式记录，是未经加工整理的第一手资料。它记录的是基层单位各方面的活动情况，涉及范围广泛，如工业企业中的产品产量记录、工人的出勤记录等。它一般由直接参加生产经营活动的人员来完成。

(2)统计台账

统计台账是一种系统积累统计资料的表册。它是用一定的表格形式反映的原始记录资料，分门别类地按时间顺序记录在表册上，使资料系统化。

(3)内部报表

内部报表是根据原始记录和统计台账，经过汇总后编制的一种报表。它是基层单位内部各职能部门和单位领导取得统计资料的一种形式，是实行科学管理、提高经济效益的主要信息来源。

4.统计报表的特点

其一，统计报表采用统一的表式、填报项目、报送时间和报送程序，既保证了统计资料的一致性，又便于统计资料的综合汇总。

其二，统计报表以各单位的原始记录为依据填写，保证了统计资料的可靠性。

其三，统计报表按照一定的周期进行填报，可以连续地、系统地积累统计资料，保证了统计资料的动态性。

(二)普查

1.普查的概念

普查是为了某种特定的目的而专门组织的一次性的全面调查，用以搜集重要国情国力和资源状况的全面资料，为政府制定规划、方针政策提供依据，如人口普查、科技人员普查、工业普查、物资库存普查等。普查多半是在全国范围内进行的，而且所要搜集的是经常的、定期的统计报表所不能提供更为详细的资料，特别是诸如人口、物资等时点的数据。

2. 普查的方式

普查的组织方式一般有两种：

一是建立专门的普查机构，配备大量的普查人员，对调查单位进行直接登记。例如，人口普查等。这种组织方式适用于内容比较多、涉及范围较大的情况。

二是利用调查单位的原始记录和核算资料，发放调查表，由调查单位自行填报。例如，物资库存普查、工业普查等。这种组织方式适用于内容比较单一、涉及范围较小的调查，特别是为了满足某种紧迫需要而进行的"快速普查"，它由调查单位将填报的表格越过中间一些环节直接报送到最高一级机构集中汇总。

3. 普查特点

普查作为一种特殊的数据搜集方式，具有以下几个特点：

其一，普查通常是一次性的或周期性的。由于普查涉及面广、调查单位多，需要耗费大量的人力、物力和财力，通常需要间隔较长的时间，一般每隔5年或10年进行一次。目前，我国普查趋向规范化和制度化，每逢末尾数字为"0"的年份进行人口普查，每逢"3"的年份进行第三产业普查，每逢"5"的年份进行工业普查，每逢"7"的年份进行农业普查，每逢"1"或"6"的年份进行统计基本单位普查。

其二，普查要规定统一的标准时点。标准时点是指对被调查对象登记时所依据的统一时点。调查资料必须反映调查对象这一时点上的状况，避免调查时因情况变动而产生重复登记或遗漏现象。

其三，普查是全面调查，可以获得全面、准确、系统的统计资料。

其四，普查的适用面较窄。普查需要对全部调查单位进行逐一调查，调查的工作量大、成本高、组织工作复杂，目前仅限于重要的国情国力基础数据的搜集。

第四章 统计学应用之统计调查和统计数据收集整理

（三）重点调查

重点调查是指在调查对象中选择一部分重点单位进行调查，以搜集统计资料的一种非全面调查。重点调查中的这些重点单位在调查对象中只占一小部分，但调查的标志值在总体中却占较大的比重，因而对这部分重点单位进行调查所取得的统计资料能够反映社会经济现象发展变化的基本趋势。例如，要了解全国钢铁生产的增长情况，只要对全国为数不多的大型钢铁企业如鞍钢、武钢、首钢、宝钢等的生产情况进行调查，就可以掌握我国钢铁生产的基本情况。

所谓重点单位，是指在总体中具有举足轻重地位的单位，这些单位虽然数目不多，但就调查的标志值来看，在总体标志总量中占有绝大部分比重。

重点调查的特点如下：

其一，重点调查适用于调查对象的标志值比较集中于某些单位的场合，这些单位的管理比较健全，统计力量比较充实，能够及时取得准确资料。

其二，重点调查的目的在于了解总体现象某些方面的基本情况，而不要求全面准确地推算总体数字。

其三，重点调查比实际调查的单位数目少，在满足调查目的所要求的前提下，可以比全面调查节省人力、物力和时间。

重点调查的关键在于选择重点单位，重点调查的单位可以是一些企业、行业，也可以是一些地区、城市。选取重点单位时应遵循以下两个原则：①要根据调查任务的要求和调查对象的基本情况来确定选取的重点单位及数量。一般来讲，要求重点单位应尽可能少，而其标志值在总体中所占的比重应尽可能大，以保证有足够的代表性。②要注意选取那些管理比较健全、业务力量较强、统计工作基础较好的单位作为重点单位。

重点调查的优点在于只需花费较少的人力、物力和时间就可把握研究对象的基本情况。一般来讲，在调查任务只要求掌握基本情况，而部分单位又能比较集中地反映研究项目的指标时，就可以采用重点调查。这种调查方式可以灵活运用，既可用于一次性调查，又可用于经常性调查。

(四) 典型调查

典型调查是根据调查目的和要求，在对调查对象进行初步分析的基础上，有意识地选取少数具有代表性的典型单位进行深入细致的调查研究，借以认识同类事物的发展变化规律及其本质的一种非全面调查。这种调查方法较为细致，适用于对新情况、新问题的调查研究。

典型调查有以下几个特点：

其一，典型调查是一种"解剖麻雀"的调查方法。它主要依靠调查者深入基层与调查单位直接接触与剖析，因而可以获得调查单位比较详细、系统的资料。

其二，典型调查是根据调查者的主观判断，有意识地选择少数具有代表性的单位进行调查，因此，调查者的政治素质、业务素质和判断能力对所选择的典型单位的代表性起着决定性作用。

其三，典型调查方便、灵活，可以节省时间、人力和经费。典型调查的调查单位少，调查时间快，反映情况准，调查内容系统周密，使用调查工具不多，运用起来灵活方便，可以节省很多的人力和财力。

(五) 抽样调查

抽样调查是按照随机原则从总体中选取一部分单位进行观察，用以推算总体数量特征的一种非全面调查。例如，对轮胎使用寿命进行的调查、对灯管合格率进行的调查等，均可采用抽样调查的方式。

1. 抽样调查的特点

(1) 经济性

在满足调查研究目的的前提下，抽样调查中选取的样本单位通常是总体单位中的很小一部分，调查的工作量小，因而可以节省大量的人力、物力和财力。

(2) 时效性

抽样调查由于只对总体中的部分单位进行调查，因而工作量小，调查的准备时间、调查时间、数据处理时间等都大大缩减，从而提高数据的时效性。

第四章 统计学应用之统计调查和统计数据收集整理

(3) 灵活性

抽样调查可以获得更广泛的信息，它适合于各个领域、各种问题的调查。从适用的范围和问题来看，抽样调查可用于调查全面调查能够调查的现象，也能调查全面调查所不能调查的现象，特别适合对一些特殊现象的调查。从调查的项目和指标来看，抽样调查的内容和指标可以更详细、深入，能获得更全面、更广泛的统计资料。

(4) 准确性

抽样调查的数据质量有时比全面调查更高，因为全面调查的工作量大、涉及的范围广、环节多，调查过程中不可避免地产生登记性误差，而抽样调查涉及的单位少，可使调查的各项工作做得更细，从而减少登记性误差。当然，用样本特征去推断总体特征时，也会产生推断误差，但这种误差的大小事先可以计算并进行控制，因而推断的结果具有较高的可靠性。

2. 抽样调查的应用范围

(1) 用于调查那些不可能或没有必要进行全面调查的社会经济现象

例如，对具有破坏性结果的现象的调查，像显像管耐用时数的检验、玻璃强度的检验等，只能采用抽样调查。再如，对居民个人收入情况的调查，没有必要对所有居民逐一观察、经常登记，通常只需按随机原则选定若干居民进行调查，就能满足分析的需要。

(2) 用于对普查的资料进行验证和修正

由于普查涉及面广、工作量大，容易产生登记性误差。通常，可以在普查结束之后，做一次小规模的抽样调查，将抽样调查的结果同原来的普查资料进行核对，计算出差错率，对普查资料进行必要的修正，从而确保普查工作的质量。

四、统计调查方法

(一) 访问调查

访问调查又称派员调查，它是调查者与被调查者通过面对面地交谈从而得到所需资料的调查方法。访问调查的方式有标准式访问和非标准式访问两种。标准式访问又称结构式访问，它是按照调查人员事先设计好的、有固定格式的标准化问卷，有顺序地依次提问，并由受访者做出回答；非标准式访问又称非结构式访问，它事先不制作统一的问卷或表格，没有统一的提问顺序，调查人员只是给一个题目或提纲，由调查人员和受访者自由交谈，以获得所需的资料。

（二）邮寄调查

邮寄调查是通过邮寄或其他方式将调查问卷送至被调查者，由被调查者填写，然后将问卷寄回或投放到指定收集点的一种调查方法。邮寄调查是一种标准化调查，其特点是调查人员和被调查者没有直接的语言交流，信息的传递完全依赖于问卷。邮寄调查的问卷发放方式有邮寄、宣传媒介传送、专门场所分发三种。

邮寄调查的基本程序是：在设计好问卷的基础上，先在小范围内进行预调查，以检查问卷设计中是否存在问题，以便纠正，然后选择一定的方式将问卷发放下去，进行正式的调查，再将问卷按预定的方式收回，并对问卷进行处理和分析。

（三）电话调查

电话调查是调查人员利用电话同受访者进行语言交流，从而获得信息的一种调查方式。电话调查具有时效快、费用低等特点。随着电话的普及，电话调查的应用也越来越广泛。电话调查可以按照事先设计好的问卷进行，也可以针对某一专门问题进行电话采访。用于电话调查的问题要明确、问题数量不宜过多。

（四）座谈会

座谈会也称为集体访谈法，它是将一组受访者集中在调查现场，让他们对调查的主题（如一种产品、一项服务或其他话题等）发表意见，从而获取调查资料的一种方法。通过座谈会，研究人员可以从一组受访者那里获得所需的定性资料，这些受访者与研究主题有某种程度上的关系。为获得此类资料，研究人员通过严格的甄别程序选取少数受访者，围绕研究主题以一种非正式的、比较自由的方式进行讨论。这种方法适用于搜集与研究课题有密切关系的少数人员的倾向和意见。

参加座谈会的人数不宜太多，通常为 6~10 人，并且是有关调查问题的专家或有经验的人。讨论方式主要取决于主持人的习惯和爱好。通过小组讨论，能获取访问调查无法取得的资料。而且，在彼此间交流的环境里，各个受访者之间相互影响、相互启发、相互补充，并在座谈过程中不断修正自己的观点，从而有利于取得较为广泛、深入的想法和意见。座谈会的另一个优点是不会因为问卷过长而遭到拒访。当然，这要求主持人一般要受过心理学或行为科学方面的训练，具有很强的组织能力足以控制一群不同背景的陌生人，并尽可能多地引导受访者说出他们的真实意见或想法。

(五) 个别深度访问

深度访问是一次只有一名受访者参加的特殊的定性研究。"深访"这一术语也暗示着要不断深入受访者的思想当中，努力发掘他行为的真实动机的意思。深访是一种无结构的个人访问，调查人员运用大量的追问技巧，尽可能让受访者自由发挥，表达他的想法和感受。

深度访问常用于动机研究，如消费者购买某种产品的动机等，以发掘受访者非表面化的深层意见。这一方法最宜于研究较隐秘的问题，如个人隐私问题，或较敏感的问题，如政治性问题。对于一些不同人之间观点差异极大的问题，采用深度访问法比较合适。

座谈会和个别深访属于定性方法，它通常围绕一个特定的主题取得有关定性资料。在此类研究中，从挑选的少数受访者中取得有关意见。这种方法和定量方法是有区别的，定量方法是从总体中按随机方式抽取样本取得资料，其研究结果或结论可以进行推论。而定性研究着重于问题的性质和未来趋势的把握，不是对研究总体数量特征的推断。

(六) 网上调查

1. 网上调查的优点

网上调查在 20 世纪 90 年代开始热门起来，发展也很迅速，其优点表现在以下几个方面：

(1) 速度快

由于省略了印制、邮寄和数据录入后过程，问卷的制作、发放及数据的回收速度均得以提高，可以短时间内完成问卷并统计结果及报表。

(2) 费用低

印刷、邮寄、录入及调研员的费用都被节省下来，而调研费用的增加却很有限。因此，进行大规模的调研较其他如邮寄或电话调研方法可以省下可观的费用。

(3) 易获得连续性数据

随着网上固定样本调研的出现，调研员能够通过跟踪受访者的态度、行为和时间进行纵向调研。复杂的跟踪软件能够做到根据上一次的回答情况进行本次问卷的筛选，而且能填补落选项目。

(4) 调研内容设置灵活

在网上，调研内容可以很容易囊括在市场、商贸或其他一般站点上。例如，如果一个人上了银行网站主页，激活"信用卡"模块，在进入正式网页之前，他可以被询问几个被认为是最重要的信用卡特性问题。

(5) 调研群体大

网上可以接触很多人。目前很难想象还有什么媒体可以提供那么大的调研群体，随着互联网的普及，计算机产品购买者或是互联网使用者，是使用互联网调研的理想对象。利用互联网的企事业单位也是不错的可发展的调研对象。

(6) 可视性强

网上调查还有一个独一无二的优点，即其在视觉效果上能够吸引人，互联网的图文及超文本特征可以用来展示产品或介绍服务内容。这是其他调研方式所无法比拟的。

2. 网上调查的缺点

(1) 代表性问题

网上调查目前来说还有不少缺点。最大的一点可能是上网的人不能代表所有人口。使用者多为男性，教育水平高以及有相关技术、较年轻和较高收入的人。不过，这种情形正有所改变，有越来越多的人开始接触互联网。

第四章 统计学应用之统计调查和统计数据收集整理

(2) 安全性问题

现在很多使用者为私人信息的安全性担忧，加上媒体的报道及针对使用者的网络诈骗，更使人忧心忡忡。然而，考虑到对互联网的私人信息，诸如银行卡账号之类进行担保的商业目的，提高安全性仍是互联网有待解决的重要问题。

(3) 无限制样本问题

这是指网上的任何人都能填写问卷。它完全是自我决定的，很有可能除了网民外并不代表任何人。如果同一个人重复填写问卷的话，问题就变得复杂了。

3. 互联网样本

(1) 随意样本

随意样本在上文已经提到了，即网上任何人都可以称作被调查单位，只要其愿意，没有任何对调查单位的限制条件。

(2) 过滤性样本

过滤性样本通常是以分支或跳问形式安排问卷，以确定被选者是否适宜回答全部问题。有些互联网调研能够根据过滤性问题立即进行市场分类，确定被访者所属类别，然后根据被访者不同的类型提供适当的问卷。

过滤性样本是指通过对期望样本特征的配额限制一些自我挑选的未具代表性的样本。这些特征通常是一些统计特征，如性别、收入、地理区域位置或与产品有关的标准，如过去的购买行为、工作责任、现有产品的使用情况等。对于过滤性样本的使用与随意样本基本类似。

(3) 选择样本

选择样本对于已建立抽样数据库的情形最为适用，例如，以顾客数据库作为抽样框选择参与顾客满意度调查的样本。

4. 进行网上调查的方法

(1) E-mail 问卷

E-mail 问卷就是一份简单的 E-mail，并按照已知的 E-mail 地址发出。被访者回答完毕将问卷回复给调研机构，有专门的程序进行问卷准备、编制 E-mail 地址和收集数据。

E-mail 问卷制作方便，分发迅速。由于出现在被访者的私人信箱中，因此能够得到注意。但是，它只限于传输文本，图形虽然也能在 E-mail 中进行链接但与问卷文本是分开的。

(2) 交互式 CATI 系统

这是利用一种软件语言程序在 CATI 上设计问卷结构并在网上进行传输。互联网服务器可以设在调研机构中，也可以租用有 CATI 装置的单位设备。互联网服务器直接与数据库连接，收集到的被访者答案直接进行储存。

交互式 CATI 系统能够对 CATI 进行良好抽样及对 CATI 程序进行管理，它还能建立良好的跳问模式和修改被访者答案。它能够当场对数据进行认证，对不合理数据要求重新输入。交互式 CATI 系统为网上 CATI 调研的使用者提供了一个方便的工具，而且，支持程序问卷的再使用。

作为不利的一面，网上 CATI 系统产品是为电话—屏幕访谈设计的。被访者的屏幕格式受到限制，而且 CATI 语言技术不能显示互联网调研在图片、播放等方面的优势。

(3) 网络调查系统

有专门为网络调查设计的问卷链接及传输软件。这种软件设计为无须使用程序的方式，包括整体问卷设计、网络服务器、数据库和数据传输程序。一种典型的用法是：问卷由简易的可视问卷编辑器产生，自动传送到互联网服务器上，通过网站，使用者可以随时在屏幕上对回答数据进行整体统计或图表统计。

平均每次访谈，网络调查系统均比交互式 CATI 费用低，但对小规模的样本调查（低于 500 名）的费用都比 E-mail 调查高。低费用是由于使用了网络专业工具软件，而且费用和硬件费用由中心服务系统提供。

五、统计调查问卷

问卷又称调查表或询问表，是以问题的形式系统地记载调查内容的一种印件。问卷可以是表格式、卡片式或簿记式。设计问卷，是询问调查的关键。完美的问卷必须具备两个功能，即能将问题传达给被问者和使被问者乐于回答。要完成这两个功能，问卷设计时应当遵循一定的原则和程序，运用一定的技巧。

(一)问卷设计的原则

1. 有明确的主题

根据调查主题,从实际出发拟题,问题目的明确,重点突出,没有可有可无的问题。

2. 结构合理、逻辑性强

问题的排列应有一定的逻辑顺序,符合应答者的思维程序。一般是先易后难、先简后繁、先具体后抽象。

3. 通俗易懂

问卷应使应答者一目了然,并愿意如实回答。问卷中语气要亲切,符合应答者的理解能力和认识能力,避免使用专业术语。对敏感性问题采取一定的技巧调查,使问卷具有合理性和可答性,避免主观性和暗示性,以免答案失真。

4. 控制问卷的长度

回答问卷的时间控制在20分钟左右,问卷中既不浪费一个问句,也不遗漏一个问句。

5. 便于资料的校验、整理和统计

这一步也是非常重要的,在设计时要考虑到。

(二)问卷设计的程序

1. 确定主题和资料范围

根据调查目的的要求,研究调查内容、所需收集的资料及资料来源、调查范围等,酝酿问卷的整体构思,将所需要的资料一一列出,分析哪些是主要资料,哪些是次要资料,哪些是可要可不要的资料,淘汰那些不需要的资料,再分析哪些资料需要通过问卷取得、需要向谁调查等,并确定调查地点、时间及对象。

2. 分析样本特征

分析了解各类调查对象的社会阶层、社会环境、行为规范、观念习俗等社会特征,需求动机、潜在欲望等心理特征,理解能力、知识水平等学识特征,以便针对其特征来拟题。

3. 拟定并编排问题

首先构想每项资料需要用什么样的句型来提问，尽量详尽地列出问题，然后对问题进行检查、筛选，看其有无多余的问题，有无遗漏的问题，有无不适当的问句，以便进行删、补、换。

4. 进行试问试答

站在调查者的立场上试行提问，看看问题是否清楚明白，是否便于资料的记录、整理；站在应答者的立场上试行回答，看看是否能答和愿答所有的问题，问题的顺序是否符合思维逻辑，估计回答时间是否合乎要求。有必要在小范围进行实地试答，以检查问卷的质量。

5. 修改、付印

根据试答情况，进行修改，再试答，再修改，直到完全合格以后才定稿付印，制成正式问卷。

（三）问题的形式

1. 开放式问题

它又称无结构的问答题。在采用开放式问题时，应答者可以用自己的语言自由地发表意见，在问卷上没有已拟定的答案。

例如：您喜欢看哪一类电视节目？您认为加入RECP对我国经济发展有何影响？

显然，应答者可以自由回答以上的问题，并不需要按照问卷上已拟定的答案加以选择，因此应答者可以充分地表达自己的看法和理由，并且比较深入，有时还可提供研究者始料未及的答案。通常而言，问卷上的第一个问题采用自由式问题，让应答者有机会尽量发表意见，这样可制造有利的调查气氛，缩短调查者与应答者之间的距离。

然而，开放式问题也有其缺点。例如调查者的偏见，因记录应答者答案是由调查者执笔，极可能失真，或并非应答者原来的意思。如果调查者按照他自己的理解来记录，就有出现偏差的可能。但这些不足可运用录音机来弥补。开放式问题的另一个主要缺点是资料整理与分析的困难。由于各种应答者的答案可能不同，所用字眼各异，因此在答案分类时难免出现困难，整个过程相当耗费时间，而且免不了夹杂整理者个人的理解偏差。因此，开放性问题在探索性调研中是很有帮助的,但在大规模的抽样调查中,就弊大于利了。

2. 封闭式问题

它又称有结构的问答题。封闭式问题与开放式问题相反,它规定了一组可供选择的答案和固定的回答格式。

例如,你购买×××牌洗衣液的主要原因是(选择最主要的两种):①洗衣较洁白。②售价较廉。③任何商店都有出售。④不伤手。⑤朋友介绍。

封闭式问题的优点包括以下几个方面:①答案是标准化的,对答案进行编码和分析都比较容易。②回答者易于作答,有利于提高问卷的回收率。③问题的含义比较清楚。因为所提供的答案有助于理解题意,这样就可以避免回答者由于不理解题意而拒绝回答。

封闭式问题也存在一些缺点:①回答者对题目不正确理解的,难以觉察出来。②可能产生"顺序偏差"或"位置偏差",即被调查者选择答案可能与该答案的排列位置有关。研究表明,对陈述性答案被调查者趋向于选第一个或最后一个答案,特别是第一个答案。而对一组数字(数量或价格)则趋向于取中间位置的。为了减少顺序偏差,可以准备几种形式的问卷,每种形式的问卷答案排列的顺序都不同。

(四) 问卷调查设计技巧

1. 事实性问题

事实性问题主要是要求应答者回答一些有关事实的问题。例如,你通常什么时候看电视?

事实性问题的主要目的在于求取事实资料,因此问题中的字眼定义必须清楚,让应答者了解后能正确回答。

市场调查中,许多问题均属"事实性问题",例如应答者个人的资料:职业、收入、家庭状况、居住环境、教育程度等。这些问题又称为"分类性问题",因为可根据所获得的资料而将应答者分类。在问卷中,通常将事实性问题放在后面,以免应答者在回答有关个人问题时有所顾忌,因而影响以后的答案。如果抽样方法是采用配额抽样,则分类性问题应置于问卷之首,否则不知道应答者是否符合样本所规定的条件。

2. 意见性问题

在问卷中，往往会询问应答者一些有关意见或态度的问题。例如，你是否喜欢×电视节目？

意见性问题事实上即态度调查问题。应答者是否愿意表达他真正的态度，固然要考虑，而态度强度也有不同，如何从答案中衡量其强弱，显然也是一个需要克服的问题。通常而言，应答者会受到问题所用字眼和问题次序的影响，会有不同反应，因而答案也有所不同。对于事实性问题，可将答案与已知资料加以比较。但在意见性问题方面则较难做比较工作，因应答者对同样问题所做的反应各不相同。因此，意见性问题的设计远较事实性问题困难。这种问题通常有两种处理方法：一种是对意见性问题的答案只用百分比表示，例如有的应答者同意某一看法等；另一种则旨在衡量应答者的态度，故可将答案化成分数。

3. 困窘性问题

困窘性问题是指应答者不愿在调查员面前作答的某些问题，比如关于私人的问题，或不为一般社会道德所接纳的行为、态度，或属有碍声誉的问题。例如，平均来说，每个月你锻炼几次身体？如果你的汽车是分期购买的，一共分多少期？你是否向银行抵押借款购买股票？除了你工作收入外，还有其他收入吗？

如果一定要想获得困窘性问题的答案，又避免应答者作不真实回答，可采用以下方法：

(1) 间接问题法

不直接询问应答者对某事项的观点，而改问他对其他事项的看法如何。

例如，用间接问题旨在套取应答者回答认为是旁人的观点。在他回答后，应立即再加上问题："你同他们的看法是否一样？"

(2) 卡片整理法

将困窘性问题的答案分为"是"与"否"两类，调查员可暂时走开，让应答者自己取卡片投入箱中，以减低困窘气氛。应答者在无调查员看见的情况下，选取正确答案的可能性会提高不少。

(3) 随机反应法

根据随机反应法，可估计出回答困窘问题的人数。

(4) 断定性问题

有些问题是先假定应答者已有该种态度或行为。

例如，你每天抽多少支香烟？事实上，该应答者极可能不抽烟，这种问题则为断定性问题。正确处理这种问题的方法是在断定性问题之前加一条"过滤"问题。

例如，你饿了吗？如果应答者回答"是"，用断定问题继续问下去才有意义，否则在过滤问题后就应停止。

(5) 假设性问题

有许多问题是先假定一种情况，然后询问应答者在该种情况下，他会采取什么行动。

例如，如果××早餐奶涨价至5元，你是否将改喝另一种未涨价的早餐奶？如果×牌洗衣液跌价1元，你是否愿意用它？你是否愿意加薪？你是否赞成公共汽车公司改善服务？以上皆属假设性问题，应答者对这种问题多数会答"是"。这种探测应答者未来行为的问题，应答者的答案事实上没有多大意义，因为多数人愿意尝试一种新东西，或获得一些新经验。

(五) 问卷的结构

调查问卷一般由三大部分组成：卷首语（开场白）、正文和结尾。

1. 卷首语

问卷的卷首语或开场白是致被调查者的信或问候语。其内容一般包括下列几个方面：①称呼、问候。如"××先生、女士：您好"。②调查人员自我说明调查的主办单位和个人的身份。③简要地说明调查的内容、目的、填写方法。④说明作答的意义或重要性。⑤说明所需时间。⑥保证作答对被调查者无负面作用，并替其保守秘密。⑦表示真诚的感谢，或说明将赠送小礼品。

信的语气应该是亲切、诚恳而礼貌的，简明扼要，不要啰唆。问卷的开头是十分重要的。大量的实践表明，几乎所有拒绝合作的人都是在开始接触的前几秒钟内就表示不愿参与的。如果潜在的调查对象在听取介绍调查来意的一开始就愿意参与的话，那么绝大部分会合作，而且一旦开始回答，就几乎都会继续并完成，除非在特殊情况下才会中止。

2. 正文

问卷的正文实际上也包含了三大部分。

第一部分包括向被调查者了解最一般的问题。这些问题应该是适用于所有的被调查者，并能很快、很容易回答的问题。在这一部分不应有任何难答的或敏感的问题，以免吓着被调查者。

第二部分是主要的内容，包括涉及调查的主题的实质和细节的大量题目。这一部分的结构组织安排要符合逻辑并对被调查者来说是有意义的。

第三部分一般包括两部分内容，一是敏感性或复杂的问题，以及测量被调查者的态度或特性的问题；二是人口基本状况、经济状况等。

3. 结尾

问卷的结尾一般可以加上1~2道开放式题目，给被调查者一个自由发表意见的机会。然后，对被调查者的合作表示感谢。在问卷最后，一般应附上一个"调查情况记录"。这个记录一般包括：①调查人员（访问员）姓名、编号。②被调查者的姓名、地址、电话号码等。③问卷编号。④访问时间。⑤其他，如设计分组等。

（六）问卷设计应注意的问题

1. 问卷的开场白

问卷的开场白必须慎重对待，要以亲切的口吻询问，措辞应精心考虑，做到言简意明，亲切诚恳，使被调查者自愿与之合作，认真填好问卷。

2. 问题的字眼（语言）

由于不同的字眼会对被调查者产生不同的影响，因此往往看起来差不多的问题，会因所用字眼不同，而使应答者做出不同的反应，做出不同的回答。问题所用的字眼必须小心，以免影响答案的准确性。一般来说，在设计问题时应留意以下几个原则：

一是要避免一般性问题。如果问题的本来目的是在求取某种特定资料，但由于问题过于一般化，使应答者所提供的答案资料无多大意义。

例如，某酒店想了解旅客对该酒店价格与服务是否满意，因而作以下询问：你对本酒店是否感到满意？

这样的问题，显然有欠具体。由于所需资料涉及价格与服务两个问题，故应分别询问，以免混乱，如：你对本酒店的价格是否满意？你对本酒店的服务是否满意？

二是问卷的语言要口语化，符合人们交谈的习惯，避免书面化和文人腔调。

3. 问题的选择及顺序

通常问卷的前几个问题可采用开放式问题，旨在使应答者多多讲话、多发表意见，使应答者感到十分自在，不受拘束，能充分发挥自己的见解。当应答者话题多，其与调查者之间的陌生距离自然缩短。不过要留意，最初安排的开放式问题必须较易回答，不可具有高敏感性如困窘性问题。否则，一开始就被拒绝回答的话，以后的问题就很难继续了。因此，问题应是容易回答且具有趣味性，旨在提高应答者的兴趣。核心问题往往置于问卷中间部分，分类性问题如收入、职业、年龄通常置于问卷之末。

问卷中问题的顺序一般按下列规则排列：①容易回答的问题放前面，较难回答的问题放稍后，困窘性问题放后面，个人资料的事实性问题放最后。②封闭式问题放前面，自由式问题放后面。由于自由式问题往往需要时间来考虑答案和语言的组织，放在前面会引起应答者的厌烦情绪。③要注意问题的逻辑顺序，按时间顺序、类别顺序等合理排列。

第二节 统计数据的来源和收集

一、统计数据的来源

统计数据的来源主要有两种：一是直接来源，称为第一手或直接的统计数据；二是间接来源，称为第二手或间接的统计数据。

图4-1是数据收集的步骤。根据研究的目的，如果没有现成的数据，就要进行第一手数据的收集；如果已有现成的数据，就对第二手数据进行收集，然后再对第一手数据或第二手数据进行整理分析。

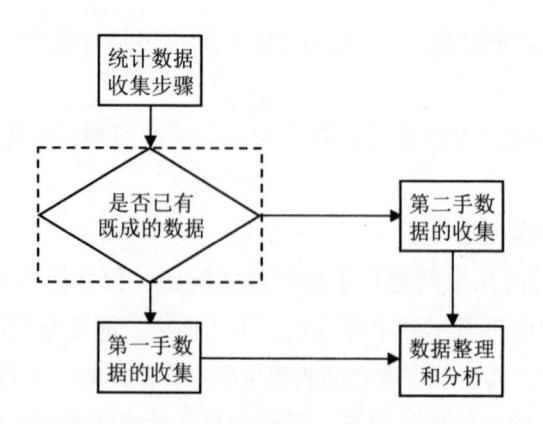

```
           统计数据
           收集步骤
              │
              ▼
       ┌ ─ ─ ─ ─ ─ ─ ─ ┐
         ╱         ╲
        ╱  是否已有  ╲ ──────▶  第二手数
        ╲  既成的数据  ╱          据的收集
         ╲         ╱                │
       └ ─ ─ ─ ─ ─ ─ ─ ┘              │
              │                       ▼
              ▼                   数据整理
          第一手数    ──────▶    和分析
          据的收集
```

图 4-1　数据收集步骤

第一手数据也称原始数据或初始数据，是使用者亲自观察、记录所获得的数据或经过试验所获得的数据。一般常用的获取第一手数据的方法有问卷调查法、观察法和实验设计法等。问卷调查法有面对面调查、电话调查、发放问卷调查、网上调查等，其特点就是直接询问；观察法并不对调查对象进行直接询问，而是客观地捕捉调查对象的行为，如记录每天到某百货商店的顾客、统计每天经过某路段的车辆数等；实验设计法则是观察某些物理性的因素或条件变化后结果将如何变化，或者说会出现什么样的效果等。例如，医药科研人员为了测试新研制药品的疗效和安全性，把不同新药的药量注射到许多动物身上，从而观察并获得大量的数据。又如，同样的商品，用不同的广告形式或不同的广告时间，对该商品促销的效果有什么不同。第一手数据比较珍贵、特有，但相对来说也要花更多的时间、人力和物力。[①]

第二手数据是使用者应用他人所获得的数据，也称次级数据。从主体来看，第二手数据有政府机构、各种行业组织、公司和企业所公布的数据，就是把政府机构、各种组织和公司所公布的数据作为来源；按数据的载体，第二手数据可分成印刷品和电子品。印刷品有统计年鉴、统计摘要、统计资料汇编、统计台账、统计公告、报纸和杂志等；电子品有 CD、DVD、因特网等。近年来，因特网已经成为数据来源的重要渠道，几乎所有政府机构和大公司都有自己的网站。表 4-1 给出部分重要政府网站，这些网站都建有可供公众访问的数据库。

---

① 张明亲. 统计学 [M]. 西安：西北大学出版社，2016：22-31.

第四章 统计学应用之统计调查和统计数据收集整理

表 4-1 提供统计数据的部分网站

国家/组织	相关网站	网址	数据内容
中国	国家统计局 国务院发展研究中心信息网 中国经济信息网 华通数据中心	http://www.stats.gov.cn/ http://www.drcnet.com.cn/ http://www.cei.gov.cn/ http://data.acmr.com.cn/	统计年鉴、统计月报等 宏观经济、财经、货币金融等 经济信息及各类网站 国家统计局授权的数据中心
美国	人口普查局 联邦政府数据	http://www.census.gov http://www.fedstats.gov	人口和家庭等 美国政府 100 多个部门数据
联合国	各国际组织数据库	http://data.un.org	联合国各国际组织数据

数据来源如图 4-2 所示。

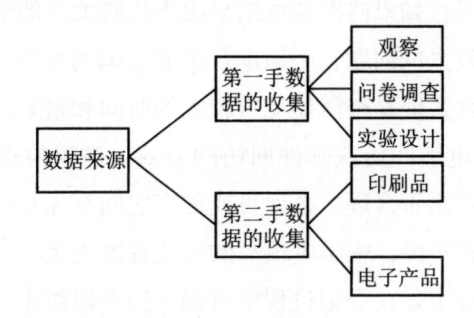

图 4-2 数据来源

二、统计数据的审核

统计数据的审核是保证统计整理质量的重要手段，为进一步的整理和分析打下基础。从不同渠道取得的统计数据，在审核的内容和方法上有所不同。对于通过直接调查取得的原始数据，主要从数据的完整性和准确性两个方面去审核；对于通过其他渠道取得的第二手数据，除了对其完整性和准确性进行审核外，还需要着重审核数据的适用性和时效性。

（一）数据的完整性

完整性审核主要是审核所有调查项目和指标是否填写齐全，调查单位是否有遗漏。对于直接调查取得的原始数据，应该查看调查问卷或调查表项目是否都填写完整了，是否存在着许多空白。如果有太多空白，便要询问调查人员，到底是调查人员的失职还是调查对象由于某些原因拒绝回答，找到原因后再设法将问卷项目填写完整。对于第二手数据，就要看其调查项目是否完备（或者说符合研究分析的需要），是否存在很多缺失值。

(二) 数据的准确性

准确性审核主要包括两个方面：一是检查数据是否真实地反映了客观实际情况，内容是否符合实际；二是检查数据是否有错误，计算是否正确。准确性审核的方法主要有抽样复查、逻辑检查和计算检查。抽样复查是指在所有的调查单位中随机地抽取一定比例的单位进行第二次调查。如果第二次调查结果与第一次调查结果非常一致，可以认为第一次调查结果比较真实地反映了客观实际情况；如果两次调查结果出入比较大，那么就有理由认为第一次调查结果存在较大的问题，必须进行更大范围的复查，以取得真实可靠的第一手资料。通常实地复查需要花费较大的时间和精力，很多研究机构和调查公司更多采取电话回访或邮件回访的方式。逻辑检查主要是审核数据是否符合逻辑，内容是否合理，各项目或数字之间有无互相矛盾的现象。例如，男性填写了生育年龄，中学生填写的文化程度为大学，这些都存在明显的逻辑错误，可以肯定是在登记过程中有误，应予以纠正。计算检查是检查调查表中的各项数据在计算结果和计算方法上有无错误。例如，各分项数字之和是否等于相应的合计数，各结构比例之和是否等于1或100%，等等。逻辑检查和计算检查都是在数据汇总之后，通过对每个变量或几个变量进行一些描述分析，来发现是否存在逻辑和计算错误。如果存在错误，必须加以纠正，纠正之后的数据才是我们进行进一步统计分析的基础数据。

(三) 数据的适用性和时效性

第二手数据可以来自多种渠道，有些数据可能是为特定目的通过专门调查而取得的，或者是已经按特定目的的需要做了加工整理的。作为使用者来说，首先应弄清楚数据的来源、数据的口径以及有关的背景材料，以便确定这些数据是否符合自己分析研究的需要，是否需要重新加工整理等，不能盲目地生搬硬套，特别是引用国外的数据，更要知道数据的概念所包含的范围。例如"公务员"，有些国家的军队士兵算公务员，还有一些国家的中小学教师是公务员,所以此"公务员"数据并不等于彼"公务员"数据。此外,还要对数据的时效性进行审核,对于有些时效性较强的问题,如果所取得的数据过于滞后,可能失去了研究的意义,一般需要使用最新的统计数据。数据在经过审核后,确认适合于实际需要,才有必要做进一步的加工整理。

对审核过程中发现的错误,应根据不同情况分别进行处理。对肯定性的差错,要及时进行更正;对可疑但又不能肯定的差错,要及时查询,可根据问卷上留下的被调查对象的地址和联系电话进行复查,以得到确切的数据信息;对无法予以纠正或不符合要求又无法弥补的统计数据要进行筛选。数据筛选包括两方面内容:一是将某些不符合要求的数据或有明显错误的数据予以剔除;二是将符合某种特定条件的数据筛选出来,而不符合特定条件的数据予以剔除。

第三节 统计数据的测量尺度

测量是用仪器确定空间、时间、温度、速度、功能等有关数值。数据测量即运用某种方法使自然或社会经济现象量化。统计数据有定性数据和定量数据。定性数据用来评价事物的状态,说明的是事物的品质特征,而不直接表示数量,通常表现为类别、应用于对事物评价的用语(如"很好""不坏"等)。定性数据有定类尺度、定序尺度。定量数据是指直接用数字描述的数据,说明的是现象的数量特征,必须用数值来表现,如企业的净资产额、净利润等。定量数据有定距尺度和定比尺度。[1]

一、定类尺度

定类尺度是指分类(组)排列是依据客观事物的品质标志进行的,且各类(组)是并列的平行关系。它是最粗略、计量层次最低的计量尺度。定类尺度只是测度了事物之间的类别差,而对各类之间的其他差别却无法从中得知。因此,使用该尺度对事物进行分类,各类别之间是平等的并列关系,无法区分优劣或大小,各类之间的顺序是可以改变的。定类尺度采用文字、数

---

[1] 张明亲.统计学[M].西安:西北大学出版社,2016:22-31.

字代码和其他符号对事物进行分类或分组,如男女、性别、民族、血型、婚姻状况等。定类尺度在统计数据四类测量尺度中属于最低级别的测量尺度,其主要数学特征是"="或"≠",能够进行的唯一运算是计数,即计算每一个类型的频数或频率(即比重)。定类尺度各类别间是平等的,没有高低、大小、优劣之分。例如,张同学的血型是A型,赵同学的血型是O型,黄同学的血型是A型,那么张同学的血型=黄同学的血型,都是A型;张同学的血型≠赵同学的血型。这里,也不能比较张同学的血型和赵同学的血型哪一个更好。

定类尺度测量的结果只是对事物进行分类或分组,具有对称性和传递性。对称性是指某一类别和另一类别的关系,如"男"和"女"。传递性是指,若A和B同类,B和C同类,则A和C也一定同一类别。

定类资料分类或分组时要求做到穷尽原则,即所有数据都可被归属到适当的类型中,没有一个数据无从归属;而且类别间两两互不重叠,即每一个数据只能被划归到某一类型中,而不能既是这一类,又是那一类。

二、定序尺度

定序尺度是指在语义上表现出明显的等级或顺序关系的定性尺度。定序尺度不仅可以将研究对象分成不同的类别,而且还可以反映各类的优劣、量的大小或顺序。定序尺度的主要数学特征是"<"或">",但不能进行加减。例如,教师职称等级为教授、副教授、讲师、助教;学生的成绩为优秀、良好、及格和不及格;学历为初中、高中、大学、硕士、博士等。

定序数据和定类数据都属于定性数据,但定序数据比定类数据可以提供更多的信息量。定序数据不仅能像定类数据一样正确区分事物的类型,还可以说明类型之间的差别关系。例如,教师职称的高、中、低的差别可以进行比较,但差别的程度却不能具体给出。"高"和"中"有多大差别?"中"和"低"有多大距离?难以给予明确的回答。

定序尺度一般要用比较级、顺序关系的词语来表达,可以帮助人们了解类别之间的差别,顺序变换也不会影响问题的说明。定序尺度同样具有传递性,例如,若A比B高,B比C高,则A比C高。但定序尺度与定类尺度不一样的是,定序尺度不具有对称性,因为既然A比B高,就不能说B

与 A 一样高。而且，对于定序尺度的排序来说，改变其原来的序列，并不会改变其意义，例如，上面提到的学历中初中、高中、大学、硕士、博士的排列，其序列变为博士、硕士、大学、高中、初中，其意义没有改变。

三、定距尺度

定距尺度具有定序尺度的所有特征，是对现象类别或顺序之间的间距进行的测度。得到定距尺度的资料，不仅可以比较事物之间的好坏差别，而且还可以计算出它们差别的大小。定距尺度使用的计量单位一般为实物单位（自然或物理），如件数、公斤、公里等，或者价值单位，如元、美元等。定距尺度的主要数学特征是"+"或"−"，但不能进行乘或除的运算。例如，某天的最高气温是20℃，最低是10℃，那么可以说这一天的温差是10℃（20℃−10℃）；但是，20℃的天气绝对不比10℃的天气热2倍（最高气温20℃/最低气温10℃），这里用"÷"计算就没有什么意义，定距尺度中没有绝对零点（定距尺度中的"0"是作为比较的标准，不表示不存在）。

四、定比尺度

定比尺度具有定距尺度的所有特征，并且有一个绝对原点的测量尺度。定比尺度一般具有四个特征：等价性，大于或小于关系，任何两个数据之间的距离比有意义，任何两个数值比也有意义。定比数据存在绝对零点的现象（即"0"就代表没有），定比尺度主要数学特征是"×"或"÷"，也就是不仅可以进行加减运算，而且还可以进行乘除运算。定比尺度的数据用于反映现象的结构、比重、速度、密度等数量关系。例如，A 同学的体重是50kg，B 同学的体重是60kg，可以说，B 同学的体重比 A 同学的体重重10kg（60kg−50kg），这里用到"−"；还可以说，B 同学的体重是 A 同学体重的1.2倍（60kg/50kg），这里用到"÷"。

在定距尺度和定比尺度上的数据是最高水平的测量尺度，是比定序尺度更强形式的度量，因为它们不仅可以确定哪个数据最大，而且可以确定大多少。

以上四种度量水平，具有各自的特点。正确认识这四类尺度可以帮助我们运用不同的统计方法处理不同尺度的数据。这些不同层次的度量本身形成了一个累积尺度，即高一层次的尺度，除自己的特性外，必包含下一层次尺度的所有特性。高层次度量具有向下的兼容性，而低层次度量不具有向上的兼容性，如表 4-2 所示。

表 4-2　四种尺度的数学特点

测量方法	测量尺度	举例	= ≠	< >	+ −	× ÷
定性	定类尺度	性别、年龄等	√	—	—	—
定性	定序尺度	成绩、地震等	√	√	—	—
定量	定距尺度	重量、温度等	√	√	√	—
定量	定比尺度	产品合格率等	√	√	√	√

第四节　统计数据的整理和显示

不管是直接收集的数据，还是间接得到的数据，都需要按照使用目的进行归纳整理。统计整理是承上启下的过程，是统计调查的继续，也是统计分析的基础。统计整理也就是根据统计研究的目的，对调查所得原始资料进行科学分组和汇总，并对以往的资料进行再加工。统计整理最后的结果就是形成各种统计表和统计图。这里分别介绍定类数据、定序数据和数值型数据的整理和显示。

一、定类数据的整理和显示

定类数据本身就是对事物的一种分类，因此，在整理时我们除了列出所分的类别外，还要计算出每一类别的频数、频率或比例、比率，同时选择适当的图形进行显示，以便对数据及其特征有一个初步的了解。[1]

(一) 定类数据的整理

定类数据的整理通常要计算下面的一些指标。

---

[1] 向书坚，张学毅. 统计学 [M]. 北京：中国统计出版社，2016：27-45.

1. 频数和频数分布

频数也称次数,是落在各类别中的数据个数。我们把各个类别及其相应的频数全部列出来就是频数分布,或称次数分布。将频数分布用表格的形式表现出来就是频数分布表。

例如:为研究广告市场的状况,一家广告公司在某城市随机抽取200人就广告问题做了邮寄问卷调查,其中一个问题是:"您比较关心下列哪一类广告?"

①商品广告。②服务广告。③金融广告。④房地产广告。⑤招生招聘广告。⑥其他广告。

这里的变量就是"广告类型",不同类型的广告就是变量值。调查数据经整理分类后形成频数分布表,如表4-3所示。

表4-3 某城市居民关注广告类型的频数分布表

广告类型	人数/人	比例	频率/%
商品广告	112	0.560	56.0
服务广告	51	0.255	25.5
金融广告	9	0.045	4.5
房地产广告	16	0.080	8.0
招生招聘广告	10	0.050	5.0
其他广告	2	0.010	1.0
合计	200	1.000	100.0

很显然,如果我们不做分类整理,观察200个人对不同广告的关注情况,既不便于理解,也不便于分析。经分类整理后,可以大大简化数据,我们可以很容易看出,关注商品广告的人数最多,而关注其他广告的人数最少。

2. 比例

比例是一个总体中各个部分的数量占总体数量的比重,通常用于反映总体的构成或结构。假定总体数量 N 被分成 K 个部分,每一部分的数量分别为 $N_1, N_2, \cdots, N_K$,则比例定义为 N_i/N。显然,各部分的比例之和等于1,即

$$\frac{N_1}{N}+\frac{N_2}{N}+\cdots+\frac{N_K}{N}=1$$

比例是将总体中各个部分的数值都变成同一个基数,也就是都以1为基

数，这样就可以对不同类别的数值进行比较了。例如，在上例中，关注金融广告的人数比例为 0.045。

3. 百分比

将比例乘以 100 就是百分比或百分数，它是将对比的基数抽象化为 100 而计算出来的，用"%"表示，它表示每 100 个分母中拥有多少个分子。例如，在上例中，频率一栏就是将比例乘以 100 而得到的百分比。百分比是一个更为标准化的数值，很多相对数都用百分比表示。当分子的数值很小而分母的数值很大时，我们也可以用千分数"‰"来表示比例，例如，人口的出生率、死亡率、自然增长率等都用千分数来表示。

4. 比率

比率是各个不同类别的数量的比值，它可以是一个总体中各个不同部分的数量对比。例如，在上例中，关注商品广告的人数与关注服务广告的人数的比率是 112∶51。为便于理解，通常将分母化为 1 来表示，即关注商品广告的人数和关注服务广告的人数的比率是 2.2∶1。

比率由于不是总体中部分与整体之间的对比关系，因而比值可能大于 1。为方便起见，比率可以不用 1 作为基数，而用 100 或其他便于理解的数作为基数。例如，人口的性别比就用每 100 名女性人口对应多少男性人口来表示，性别比 105∶100 表示每 100 名女性人口对应 105 名男性人口，说明男性人口略多于女性人口。

在对经济和社会问题的研究中，我们经常使用比率，如经济学中的积累与消费之比、国内生产总值中第一、二、三产业产值之比等。比率也可以是同一现象在不同时间或空间上的数量之比。例如，将 2019 年的国内生产总值与 2018 年的国内生产总值进行对比，可以得到经济增长率。

(二) 定类数据的显示

上面我们是用频数分布表来反映定类数据的频数分布。如果用图形来显示频数分布，就会更形象和直观一些。一张好的统计图，往往胜过冗长的文字表述。统计图的类型有很多，多数统计图除了可以绘制二维平面图外，还可以绘制三维立体图。图形的制作均可由计算机来完成。定类数据的常用图示方法有柱形图和饼图等。

1. 柱形图

柱形图用于显示一段时间内的数据变化或显示各项之间的比较情况。在表示定类数据的分布时，柱形图的高度用来表示各类别数据的频数或频率。绘制时，各类别可以放在纵轴，称为柱形图；也可以放在横轴，称为条形图。此外，柱形图还有单式、复式等形式。

2. 圆形图

圆形图也称饼图。它是用圆形及圆内扇形面积来表示数值大小的图形。圆形图主要用于表示总体中各组成部分所占的比例，对于研究结构性问题十分有用。在绘制圆形图时，总体中各部分所占的百分比用圆内的各个扇形面积来表示，这些扇形的中心角度，是按各部分百分比占360的相应比例确定的。

二、定序数据的整理和显示

上面介绍的定类数据的整理和显示方法，如频数、比例、百分比、比率、条形图和饼图等，也都适用于对定序数据的整理和显示。除了上面的整理和显示方法外，对定序数据还可以计算累积频数和累积频率（百分比）。

累积频数就是将各类别的频数逐级累加起来，其方法有两种：一是从类别顺序的开始一方向类别顺序的最后一方累加频数（数值型数据则是从变量值小的一方向变量值大的一方累加频数），称为向上累积；二是从类别顺序的最后一方向类别顺序的开始一方累加频数（数值型数据则是从变量值大的一方向变量值小的一方累加频数），称为向下累积。通过累积频数，我们可以很容易看出某一类别（或数值）以下及某一类别（或数值）以上的频数之和。

累积频率或百分比就是将各类别的百分比逐级累加起来，它也有向上累积和向下累积两种方法。

定序数据的图示方法通常与定类数据的图示方法相同，这里不再赘述。

三、数值型数据的整理和显示

定距数据和定比数据统称为数值型数据，上面介绍的定类数据和定序数据的整理和显示方法，也都适用于对数值型数据的整理和显示。但数值型数据还有一些特定的整理和图示方法，它们并不适用于定类数据和定序数据。

(一) 数值型数据的分组

数值型数据的结果表现为数值，因此，在整理时通常是进行数据分组。它是根据统计研究的需要，将数据按照某种标准划分成不同的组别。分组后再计算出各组中数据出现的频数，就形成了一张频数分布表。

1. 分组方法

数据分组的方法有单变量值分组和组距分组两种。

(1) 单变量值分组

单变量值分组是把一个变量值作为一组，这种分组通常只适合离散变量，而且在变量值较少的情况下使用。

(2) 组距分组

在连续变量或变量值较多的情况下，通常采用组距分组。它是将全部变量值依次划分为若干区间，并将这一区间的变量值作为一组。在组距分组中，一个组的最小值称为下限；一个组的最大值称为上限；上限与下限的差值称为组距；上限与下限的平均数称为组中值，它是一组变量值的代表值。

组距分组中数列上、下限可以重叠，也可以不重叠。对离散变量一般采取组限不重叠分组；对连续变量一般采取组限重叠分组，即前一组的上限与后一组的下限为同一数值，如果变量值刚好等于组限，则依据上限不在内的原则，将其归入下限所在的组。但在实际工作中，也常常对连续变量只取整数，且采取不重叠分组。

2. 分组原则

采用组距分组时，需要遵循不重不漏的原则。不重是指一项数据只能分在其中的某一组，不能在其他组中重复出现；不漏是指组别能够穷尽，即在所分的全部组别中每一项数据都能分在其中的某一组，不能遗漏。

下面结合具体的例子说明分组的过程和频数分布表的编制过程。

例如：某生产车间 50 名工人日加工零件数 (单位：个) 如下：

117　122　124　129　139　107　117　130　122　125
108　131　125　117　122　133　126　122　118　108

第四章 统计学应用之统计调查和统计数据收集整理

110 118 123 126 133 134 127 123 118 112
112 134 127 123 119 113 120 123 127 135
137 114 120 128 124 115 139 128 124 21

试对数据进行组距分组。

采用组距分组需要经过以下几个步骤：

第一步，确定组数。一组数据分多少组合适呢？一般与数据本身的特点及数据的多少有关。由于分组的目的之一是为了观察数据分布的特征，因而组数的多少应适中。如果组数太少，数据的分布就会过于集中，组数太多，数据的分布就会过于分散，这都不便于观察数据分布的特征和规律。组数的确定应以能够显示数据的分布特征和规律为目的。在实际分组时，我们可以按斯德奇提出的经验公式来确定组数 K：

$$K = 1 + \frac{\lg n}{\lg 2}$$

其中，n 为数据的个数，对结果四舍五入取整数即为组数。

对本例中的数据有

$$K = 1 + \frac{\lg 50}{\lg 2} \approx 7$$

即应分为7组。

当然，这只是一个经验公式，实际应用时，可根据数据的多少和特点及分析的要求，参考这一标准灵活确定组数。

第二步，确定各组的组距。组距是一个组的上限与下限的差，可根据全部数据的最大值和最小值及所分的组数来确定，即

组距＝（最大值－最小值）÷组数

本例中，最大值为139，最小值为107，则

组距＝（139－107）÷7＝4.6

为便于计算，组距宜取5或10的倍数，而且第一组的下限应低于最小变量值，最后一组的上限应高于最大变量值，因此组距可取5。

第三步，根据分组整理成频数分布表。

对本例中的数据进行组限重叠分组，可得到频数分布表如表4-4所示。

表 4-4　某车间 50 名工人日加工零件数分组表（组限重叠分组）

按零件数分组 / 个	频数 / 人	频率 /%
105～110	3	6
110～115	5	10
115～120	8	16
120～125	14	28
125～130	10	20
130～135	6	12
135～140	4	8
合计	50	100

进行组限不重叠分组，可得频数分组表如表 4-5 所示。

表 4-5　某车间 50 名工人日加工零件数分组表（组限不重叠分组）

按零件数分组 / 个	频数 / 人	频率 /%
105～109	3	6
110～114	5	10
115～119	8	16
120～124	14	28
125～129	10	20
130～134	6	12
135～139	4	8
合计	50	100

而对于连续变量，可以采取相邻两组组限重叠的方法，根据"上限不在内"的规定解决重叠的问题；也可以对一个组的上限值采用小数点的形式，小数点的位数根据所要求的精度具体确定。例如，对零件尺寸可以分组为 10～11.99、12～13.99、14～15.99 等。

在组距分组中，如果全部数据中的最大值和最小值与其他数据相差悬殊，为避免出现空白组（即没有变量值的组）或个别极端值被漏掉，第一组和最后一组可以采取"××以下"和"××以上"这样的开口组。开口组通常以相邻组的组距作为其组距。

在本例的 50 个数据中，假定将最小值改为 94，最大值改为 160，采用上面的分组就会出现空白组，这时可采用开口组，如表 4-6 所示。

表 4-6　某车间 50 名工人日加工零件数分组表 (开口组)

按零件数分组 / 个	频数 / 人	频率 /%
110 以下	3	6
110 ~ 115	5	10
115 ~ 120	8	16
120 ~ 125	14	28
125 ~ 130	10	20
130 ~ 135	6	12
135 以上	4	8
合计	50	100

为了统计分析的需要，有时我们需要观察某一数值以下或某一数值以上的频数或频率之和，还可以计算出累积频数或累积频率。

(二) 数值型数据的显示

通过数据分组后形成的频数分布表，我们就可以初步看出数据分布的一些特征和规律。例如，从表 4-4 可以看出，该车间工人日加工零件数大多数在 120 ~ 125 之间，共 14 人，低于这一水平的共有 16 人，高于这一水平的共有 20 人，可见这是一种非对称分布。如果我们用图形来表示这一分布的结果，会更形象、直观。上面介绍的柱形图、饼图等都适用于显示数值型数据。此外，对数值型数据我们还可以绘制直方图来显示数据的分布状况。

直方图是用矩形的宽度和高度来表示频数分布的图形。在平面直角坐标系中，我们用横轴表示数据分组，纵轴表示频数或频率，这样，各组与相应的频数就形成了一个矩形，即直方图。

直方图与柱形图不同，柱形图是用柱形的高度表示各类别频数的多少，其宽度 (表示类别) 是固定的；直方图是用面积表示各组频数的多少，矩形的高度表示每一组的频数或百分比，宽度表示各组的组距，因此其高度与宽度均有意义。此外，由于分组数据具有连续性，直方图的各矩形通常是连续排列的，而条形图则是分开排列的。

与直方图有相似作用的图是折线图。它以各组标志值中点位置作为该组标志的代表值，然后用折线将各组次数连接起来，形成了折线图，也称为多次数多边形图。当我们对数据所分的组数很多时，组距会越来越小，这时所绘制的折线图就会越来越光滑，逐渐形成一条平滑的曲线，这就是频数分布曲线。分布曲线在统计学中有着十分广泛的应用，是描述各种统计量及其分布规律的有效方法。

四、统计表

统计表和统计图是显示统计数据的两种方式。在日常生活中，阅读报纸杂志，或者看电视、查阅计算机网络时，我们都能看到大量的统计表格和统计图形。统计表把杂乱的数据有条理地组织在一张简明的表格内，统计图则把数据形象地显示出来。显然，我们看统计表和统计图要比看那些枯燥的数字更有趣。当我们自己对某些实际问题进行研究时，也经常要使用统计表和统计图。正确地使用统计表和统计图是做好统计分析的最基本技能。在前几节中，我们已经介绍了不同类型统计数据的图示方法，下面简要介绍统计表的构成和设计。[①]

(一) 统计表的构成

统计表是用于显示统计数据的基本工具。在数据的搜集、整理、描述和分析过程中，我们都要使用统计表。许多杂乱的数据，既不便于阅读，也不便于理解和分析，一旦整理在一张统计表内，就会使这些数据变得一目了然，清晰易懂。充分利用和绘制好统计表是做好统计分析的基本要求。

统计表的形式多种多样，根据使用者的要求和统计数据本身的特点，我们可以绘制形式多样的统计表。

统计表一般由四个主要部分组成，即表头、行标题、列标题和数字资料。此外，必要时可以在统计表的下方加上表外附加。表头应放在表的上方，它说明统计表的主要内容。行标题和列标题通常分别安排在统计表的第一列和第一行，它表示的主要是所研究问题的类别名称和指标名称。如果是时间序列数据，行标题和列标题也可以是时间，当数据较多时，通常将时间放在行标题的位置。表的其余部分是具体的数字资料。表外附加通常放在统计表的下方，主要包括资料来源、指标的注释和必要的说明等内容。

[①] 王德发.统计学[M].上海：上海财经大学出版社，2016：62-65.

第四章　统计学应用之统计调查和统计数据收集整理

（二）统计表的设计

由于使用者的目的以及统计数据的特点不同，统计表的设计在形式和结构上会有较大差异，但其设计上的基本要求是一致的。总体上看，统计表的设计应符合科学、实用、简练、美观的要求。具体来说，设计统计表时要注意以下几点：

首先，要合理安排统计表的结构，如行标题、列标题、数字资料的位置应安排合理。当然，由于强调的问题不同，行标题和列标题可以互换，但应使统计表的横竖长度比例适当，避免出现过高或过长的表格形式。

其次，表头一般应包括表号、总标题和表中数据的单位等内容。总标题应简明确切地概括出统计表的内容，一般需要表明统计数据的时间、地点以及何种数据，即标题内容应满足3W要求。若表中的全部数据都是同一计量单位，可放在表的右上角标明；若各指标的计量单位不同，则应放在每个指标后或单列出一列标明。

再次，表中的上、下两条横线一般用粗线，中间的其他线要用细线，这样使人看起来清楚、醒目。通常情况下，统计表的左右两边不封口，列标题之间用竖线分开，而行标题之间不必用横线隔开。总之，表中尽量少用横竖线。表中的数据一般是右对齐，有小数点时应以小数点对齐，而且小数点的位数应统一。对于没有数字的表格单元，一般用"—"表示，一张填好的统计表不应出现空白单元格。

最后，在使用统计表时，必要时可在表的下方加上注释，特别是要注明资料来源，以表示对他人劳动成果的尊重，并供读者查阅使用。

结束语

本书通过对财务管理实务与统计学应用的研究，可以得出以下结论：

第一，财务管理追求的不是账面利润的最大化，而是企业价值的最大化。财务管理是从资金角度进行管理，它强调的是在资金良性循环的条件下资金的增值。人们评价企业经营的好坏也越来越多地从企业资金运转状况来考虑。高额的账面利润可能掩盖了企业资金周转不灵的实情，所以说，企业财务管理的目标不是账面利润的最大化，而是企业价值的最大化，是企业能够实现长期稳定的利润，并且能同时带来现金净流量。

第二，财务管理不能简单地强调降低成本、费用和支出。成本管理是财务管理的工作重点之一，传统意义上的成本管理即为节约成本，减少支出。财务意义上的成本管理是成本效益管理，是要节约那些效率不高的成本，控制那些管理不善的费用，减少那些不必要的支出。而对那些能够给企业带来结构升级，提高产品质量、市场竞争力和经济效益，还有那些虽然眼前增加了负担，但从长远看能使企业持续经营和蓬勃发展的费用支出，则必须给予保证。

第三，要加强统计分析和财务管理分析的切合度。统计分析工作的主要任务是进行统计指标的计算和统计指标的分析，而财务管理的主要任务是进行财务信息的分析，包括了会计核算信息和财务报表信息两大部分。而通常统计分析和财务管理分析是平行的，既两者在各自的信息分析领域类单独进行，并不互相交叉，而相同的信息内容进行交叉不但不利于企业财务和统计工作效率的提高，而且两者交叉进行容易出现不同的结论。特别是统计分析中的价值指标更依赖于会计核算工作，因为会计核算的严肃性和准确性是其他核算形式无法替代的，同时直接从会计信息中获取统计指标信息更可以使获取的指标成本低。因此需要利用公开财务信息的披露要求提供的主要财务预测、决策参数，以及提供市场、财务、收益风险等分析指标必须有效、系统地把统计分析手段运用于财务分析中。

结束语

　　由于受笔者知识的广度和深度、资料来源、研究时间等因素的限制，书中的一些内容探析还不够深入。希望读者阅读本书之后，在得到收获的同时对本书提出更多的批评建议，也希望有更多的研究学者可以继续对财务管理实务与统计学应用进行探索研究，以促进其快速发展。

参考文献

[1] 漆凡. 财务管理 [M]. 上海：立信会计出版社，2020.

[2] 段顺玲，李灿芳，等. 财务管理 [M]. 北京：北京理工大学出版社，2020.

[3] 蔡维灿. 财务管理 [M]. 北京：北京理工大学出版社，2020.

[4] 郝翠香，文娟娟，曾珍. 财务管理 [M]. 长春：吉林人民出版社，2020.

[5] 陈德智，毕雅丽，云娇. 金融经济与财务管理 [M]. 长春：吉林人民出版社，2020.

[6] 桂玉娟，刘玉凤. 财务管理实训教程 [M]. 上海：上海财经大学出版社，2020.

[7] 费琳琪，郭红秋. 财务管理实务 [M]. 北京：北京理工大学出版社，2020.

[8] 黄青山. 高级财务管理教学案例 [M]. 广州：华南理工大学出版社，2020.

[9] 卢颖，高山，等. 财务管理 [M]. 北京理工大学出版社，2019.

[10] 周浩，吴秋霞，祁麟. 财务管理与审计学习 [M]. 长春：吉林人民出版社，2019.

[11] 马勇，肖超栏. 财务管理 [M]. 北京：北京理工大学出版社，2021.

[12] 邹娅玲，肖梅崚. 财务管理 [M]. 重庆：重庆大学出版社，2021.

[13] 张玮. 现代建筑企业财务管理 [M]. 长春：吉林人民出版社，2021.

[14] 阮晓菲，王宏刚，秦娇. 财务管理模式与会计实务 [M]. 长春：吉林人民出版社，2021.

[15] 袁建国，周丽媛. 财务管理（第7版）[M]. 沈阳：东北财经大学出版社，2021.

[16] 韦绪任. 财务管理 [M]. 北京：北京理工大学出版社，2018.

[17] 杨忠智.财务管理(第3版)[M].厦门：厦门大学出版社，2019.

[18] 李建华，刘洋.统计学[M].北京：中国商务出版社，2018.

[19] 周明，张丽颖.统计学[M].上海：上海交通大学出版社，2017.

[20] 林则宏等.统计学[M].上海：上海交通大学出版社，2017.

[21] 李青阳等.统计学[M].青岛：中国海洋大学出版社，2018.

[22] 张明亲.统计学[M].西安：西北大学出版社，2016.

[23] 陈丽佳，王国才，贺祥民.统计学[M].上海：上海交通大学出版社，2016.

[24] 向书坚，张学毅.统计学[M].北京：中国统计出版社，2016.

[25] 王德发.统计学[M].上海：上海财经大学出版社，2016.

[26] 吴振荣.统计学[M].北京：北京理工大学出版社，2020.

[27] 马树燕，王慧颖.应用统计学[M].北京：北京理工大学出版社，2020.

[28] 俞海莲.统计学原理[M].北京：中国轻工业出版社，2020.

[29] 薛章林，刘定祥，可英编.应用统计学[M].重庆：重庆大学出版社，2020.

[30] 颜泳红，郑贵华.统计学[M].长沙：中南大学出版社，2022.

[31] 杨阿维.统计学[M].北京：经济管理出版社，2021.

[32] 陈鸿雁.统计学[M].北京：北京理工大学出版社，2021.

[33] 李洁明，祁新娥.统计学原理(第8版)[M].上海：复旦大学出版社，2021.

[34] 曹琳剑，李海萍.应用统计学[M].北京：经济科学出版社，2021.

[35] 孙静娟.统计学(第4版)[M].北京：清华大学出版社，2021.

[36] 沈殿示.应用统计学[M].沈阳：辽宁教育出版社，2020.

[37] 周荛阳，李鹏举，余涛.统计学基础[M].成都：电子科技大学出版社，2020.

[38] 刘勇.统计学方法在财务相关方面的运用研究[J].大众投资指南，2019(12)：169.

[39] 姜浩.统计学方法在财务相关方面的运用研究[J].现代商业，2019(12)：131-132.DOI：10.14097/j.cnki.5392/2019.12.067.

[40] 代海平. 统计学在企业财务管理中的运用分析 [J]. 中小企业管理与科技（上旬刊），2020(12)：42-43.

[41] 肖家翔. 财务管理专业统计学课程教学改革探究 [J]. 现代商贸工业，2020，41(34)：136-137.DOI：10.19311/j.cnki.1672-3198.2020.34.061.

[42] 高洁. 统计学方法在事业单位财务分析方面的应用策略 [J]. 经济管理文摘，2020(15)：108-109.

[43] 董君. 统计学方法在企业财务管理相关方面的运用探析 [J]. 西部财会，2020(04)：38-39.

[44] 黄剑. 统计学方法在高校财务管理中的应用及创新 [J]. 纳税，2019，13(19)：79-80.